正直、服はめんどくさいけれどおしゃれに見せたい

Fashion
Comic Book

のどか

nodoka

ダイヤモンド社

はじめに

「正直、服のことを考えているヒマがあったら他のことをしてたい」
という朝はありませんか？
私の考えるベストな朝、それは何の気なしに選んだ服が、
とてもおしゃれであか抜けていて、そして時間がかからないこと。

時間がない中、
「このスカートにはこれは合わない」と何度も別の洋服を合わせたり、
「かわいい服が私のタンスにはない」と嘆いたり、
果ては、
「私にはセンスがないから」と自分にがっかりすることは
（私だけでしょうか…）、
とてもムダな時間だと思いませんか？

おしゃれって、いったいなんなのでしょうか？
だいたい、おしゃれをするにはこだわりと気力が必要です。

もう疲れた…
どうしたにゃん
オシャレがわからない
洋服を買っても着る服がない
似合っているかもわからない
そこまで！
よし、一緒にオシャレについて考えようにゃん
ガシッ
うんうん
でもお金はそんなに使いたくない
だったらおいしいパンに使いたい…。
わがままにゃん

たとえば、
ヒートテックは見せてはいけない。
足首を見せた方がおしゃれ（冬でも！）。
ヒールは高い方がいい。

ふだんの生活で、これらを守らないとおしゃれに見えないというのは、
私にはとてもハードルが高いです。

そう、ここまでのおしゃれをするには、
●**時間がない**
●**気力がない**
●**お金がない**
のです！

でも、シンプルなデザインで、
ハデではない、
まさに無難なものを着れば、
変には見えなくても、自分が楽しくありません。

自分が着て楽しく、そして快適に過ごせて、
しかも、とてもおしゃれに見せる方法はあるはずだと、
私はずっと考えてきました。

この本では、そんな私が見つけた
「ものすごく簡単におしゃれに見せるルール」をお伝えします。
これさえ守っておけば、絶対にあか抜けて見えます。

「ストライプのシャツを買っておく」
「試着しなくていい」
「時計をつけてみる」

など、とりあえず買うだけで解決するものから、ヒートテックが見えてしまってもおしゃれに見せる方法という項目まで、無茶なことはまったく載せていません。できるだけ安く、最大限に素敵に見せて、余ったお金は他のことに使ってください。

わかりやすいように、マンガと絵でたくさん解説をしています。

パンケーキ食べに行こうにゃん
いこういこう

また、男性や家族のコーディネートも載せていますので、ぜひ、ご家族の洋服選びにも使ってください。

この本が、あなたのお役に立てたら、これ以上嬉しいことはありません。

のどか
オシャレな人を
見る事が好きな
アラフォー。
ズボラでグータラ。
みにゃ子
のどかの家の
居候猫。
話せる。
長生きしてきたので
知識がすごい。

CONTENTS

［目次］

はじめに 002

CHAPTER 1
考える時間ゼロ！でおしゃれに見せる

01 時計をするだけで、その日のあなたが素敵になる 018

02 トップスを地味に、ボトムスはハデにする 022

contents

03 カーキが入ると、とたんにフリルもリボンも、何でもおしゃれになる 027

04 キャラクターは切手サイズのみ 032

05 スカーフを買う 036

06 メンズを買えば、かっこいい服が手に入る 044

07 靴はこの3足あればいい 048

08 試着はしなくてもいい 056

09 試着なしでもゆるっとサイズを使いこなせる 059

10 白いアイテムはプチプラで買う 061

11 最先端のデザインが欲しいなら、入り口付近のものを買う 068

12 デニムには女性らしいものを合わせると覚える 070

13 シワにならない神素材 074

14 流行色はとりあえず無視 079

15 首か袖か、デザインはひとつ 082

16 バッグは3種類買うと超おしゃれな人 086

17 スカートは「長くて広がっていない」なら絶対に失敗しない 093

contents

18 白のシャツよりネイビーのストライプシャツ 098

19 小さいアクセサリーを必ずつける 102

20 ネックレスは毎日身につけたいものにする 108

COLUMN #001 **裾上げはムリしてでもその場でする** 112

21 花柄を着るときは、「小花」は選ばない 114

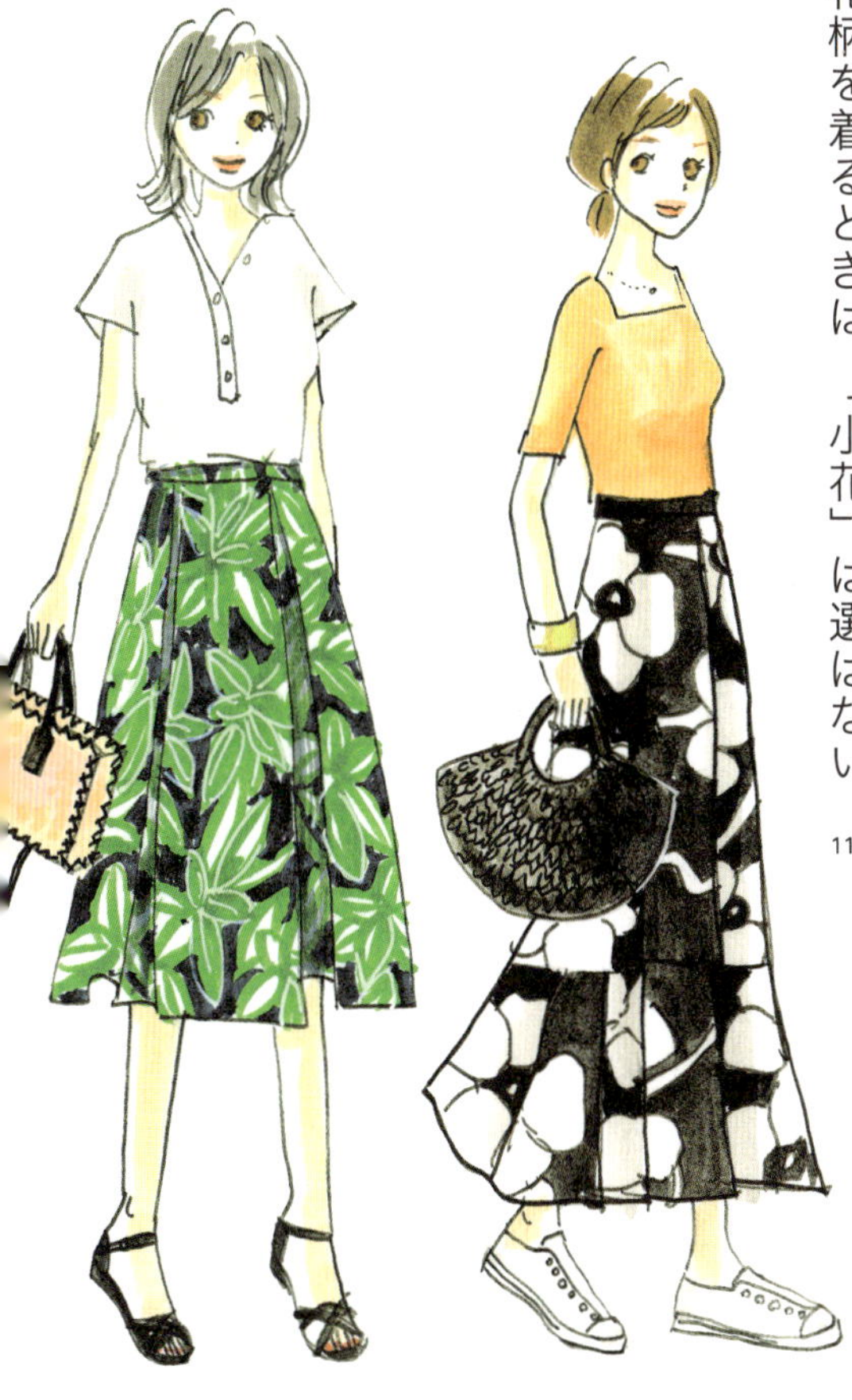

22 細いパンツは短めにする 122

COLUMN #002
シャツにアイロンをかけずにすむ干し方 124

23 靴下はグレーか白がいちばんオシャレ 126

24 ワイドパンツには短いトップスのみ 131

25 紺が入っている柄のスカートを買う 134

26 ボリューム×ボリュームのときは髪を結ぶ 137

27 前開きのシャツワンピ最強 141

contents

28 10年前と体重は一緒でも、体型は違う 146
29 差し色は、12色セットの色鉛筆の色にする 150
COLUMN #003 **ズボラだけどハンガーを揃えたのは褒めたい** 155
30 マニキュアよりペディキュアをする 158
31 ストッキングは便利なんです 162
32 大人女性のTシャツは、無地・レタード・ボーダー 168
33 夏はどこかに白を入れる 176
34 夏のロングカーディガンは一石三鳥 181
35 冬のアウターは、迷わずネイビー 184
36 ウールコートはベージュかグレー 189
37 マフラーやファーは明るい色を買う 192
38 ヒートテックは黒を買わない 195

39 冬のスカートに必要なのは、気合いではなくヒートテックの重ね履き 202

40 インナーダウンが冬のオシャレの幅を広げる 204

41 ミリタリーアウターは、かわいいものと合わせて着る 209

42 老眼はかわいい眼鏡をかけるチャンス 212

COLUMN #004 **洗濯するときにちょっと気をつければシワにならない** 216

43 自分の顔のイメージにファッションを合わせる 218

44 リンクコーデは色を一色揃えるのみ 224

contents

CHAPTER

2

男性をおしゃれに見せるのはけっこう簡単

45 30歳を超えたら大きいチェックのシャツは着ない 230

46 男性はアンクルパンツを履いておけば問題がない 234

47 ボトムスは黒、ネイビー、グレー 238

48 男性の服のワンポイントは小さければ小さいほどいい 242

CHAPTER 1

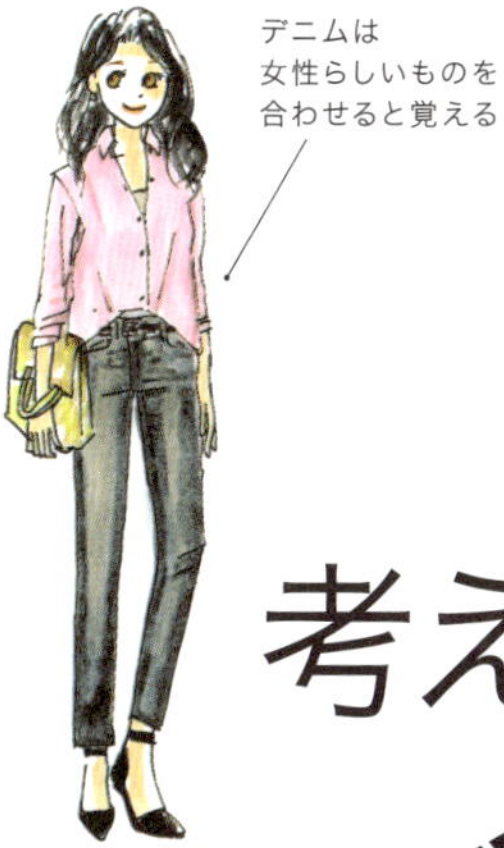
デニムは
女性らしいものを
合わせると覚える

考える時間ゼロ！でおしゃれに見せる

01

時計をするだけで、その日のあなたが素敵になる

チェックのパンツはオジっぽいので
女性らしいシフォンブラウスと合わせると
甘辛ミックスでバランスgood!!
お仕事のときは、メンズの時計がオススメ!!
キリッとして見えるし、文字盤が大きいので確認しやすいです。
時計のバンドと
靴の色を合わせると
さりげないオシャレ。

トップス　GU
EZY アンクルパンツ　UNIQLO
パンプス　outletshoes
バッグ　I NEED MORE SHOES

みなさん、時計はしてますか？
携帯電話で時間が確認できるので、
昔ほど時計の必要性は感じないかもしれません。
ですが、時計を見る女性のしぐさはとっても素敵です。
時計はするだけで、その日のあなたを素敵にする簡単アイテムなのです。

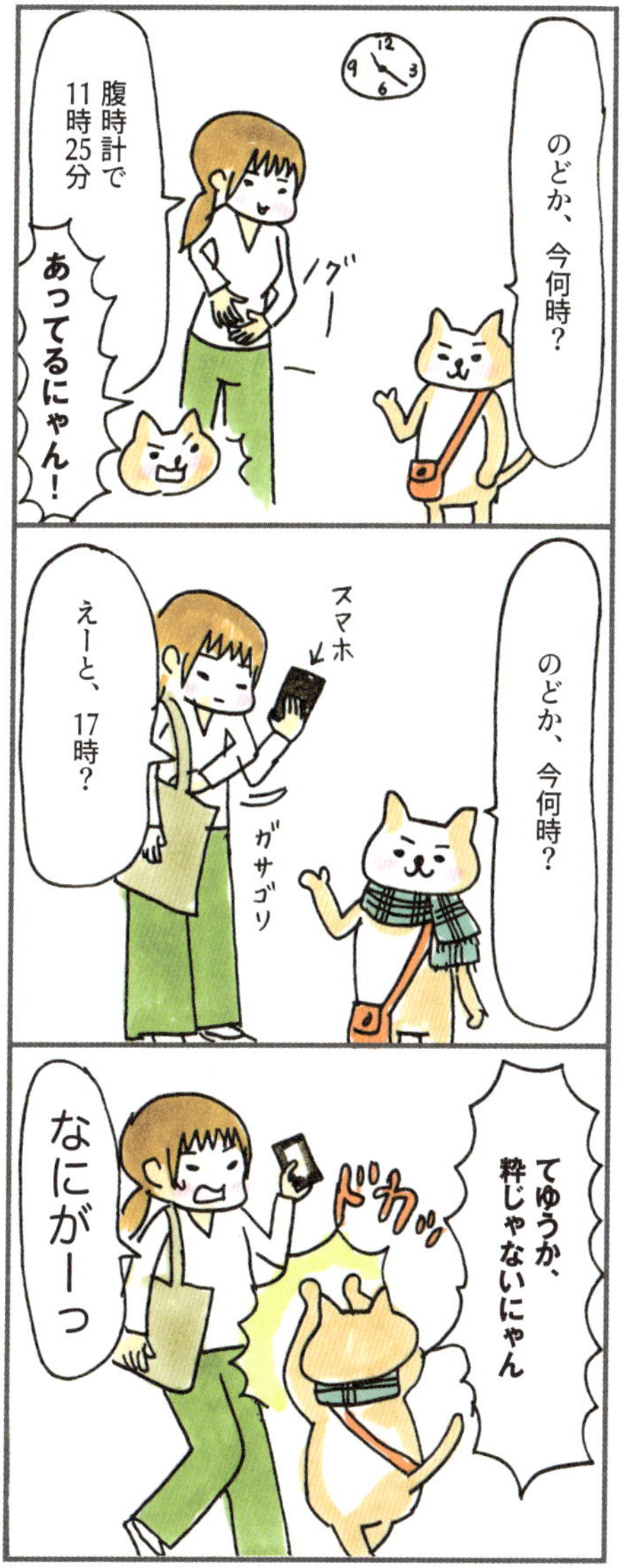

女性ものの華奢な時計だと、女性らしさが際立ちます。

メンズの大きい時計なら、クールでカッコいいです。

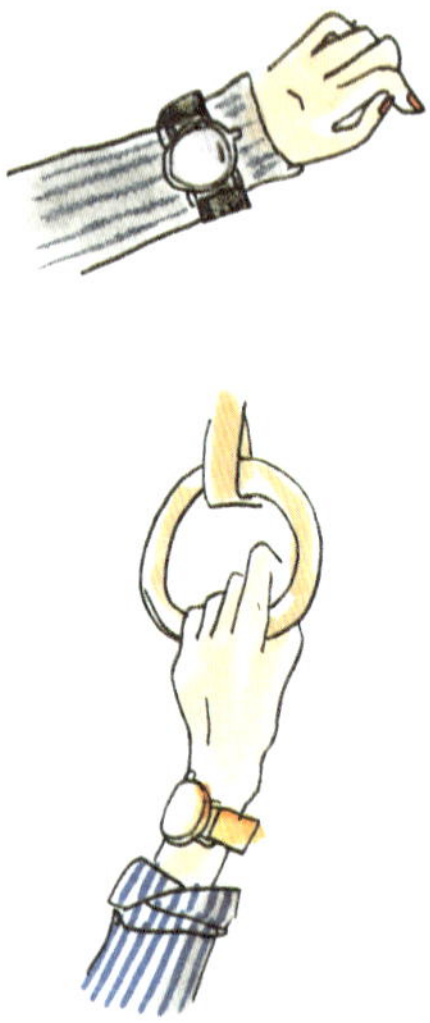

普段あまり時計をしない方も、ぜひブレスレット感覚でつけてみてください。
金や銀が使われていれば、肌にツヤを与えてくれるので手元が華やぎます。
時計のおすすめは、シンプルな文字盤でフェイスが白か黒の物です。

デジタルウォッチは、フェミニンコーデや
キレイ目コーデのときに使いましょう。外しアイテムになります。

Tシャツにデニムのカジュアルコーデのときは、
デジタルウォッチだと小学生男子みたいに見えますので注意しましょう。

02

トップスを地味に、ボトムスはハデにする

ソフトコットンギャザーブラウス
リブハイネックＴ　以上 UNIQLO
スカート　ZARA

コーデを簡単におしゃれに見せる方法があります。

それは、トップスの色を地味に、ボトムスをハデにすること。

トップスをベージュや白、黒などのベーシックカラーにすると、ボトムスは何でも合うので、悩む時間がなくなります。

ショップで売っていたコーデ、そのまま買っちゃった
完璧なコーデで、着るのが楽しみ
しまった！他のものと合わない！
……
こういう感じで、ひとつのボトムにつき、合うトップスが3着思い浮かばないと買わない方がいいにゃん
それができないから悩むんじゃん
そしたら、トップスはベーシックカラーにしちゃうにゃん

地味な色と言っても、デザインは地味じゃなくても大丈夫です。

トップスはなるべくこの色から選ぶにゃん
黒
紺
白
グレー
茶
ベージュ
なんか物足りない……
柄や形を変えれば変化をつけられるにゃん
たしかにー
たまに欲しくなる主役級トップスはあり？
たまにならいいにゃん
主役トップスのときはボトムスをベーシックカラーにするにゃん
ケチくさいな

ちなみに、ハデな色のトップスの場合は、反対に地味な色のボトムスにすれば合います。

シフォンスカートも、トップスを変えるとイメージが変わります。

無地Tシャツとスニーカー、キャップを
合わせるだけでカジュアルコーデに。
薄手のセーターは
どんなボトムスも
キレイ目に仕上げます。
黒のステッチの
カゴバッグは大人っぽい!!

リブドルマンVネックセーター
ハイウエストシフォンプリーツスカート　以上 UNIQLO
サンダル　SESTO
バッグ　HAYNI

コットンツイルキャップ
(Uniqlo U)　クルーネック T
ハイウエストシフォンプリーツスカート　以上 UNIQLO
スニーカー　CONVERSE
バッグ　BEAUTY & YOUTH UNITED ARROWS

同じトップスを使ってパンツコーデもできます。

前のイラストの無地Tシャツと薄手のセーターも
どんなボトムスにもなじみます。
トップスをベーシックカラー
挿し色で色鉛筆カラーと覚えておくと
買物での失敗も減ります。

クルーネックT（Uniqlo U）
ハイウエストチノワイドパンツ
リブドルマンVネックセーター
ハイライズシガレットジーンズ
以上 UNIQLO

03

カーキが入ると、とたんにフリルもリボンも、何でもおしゃれになる

キレイ目コーデにカーキアウターを合わせると、上級者のリラックス感が出ます。
お仕事コーデでふんわりスカートを履く時は、ピッタリトップスを合わせよう!! キチンと見えます

ナイロントレンチコート　(INES DE LA FRESSANGE)
Vネック T
サーキュラースカート　以上 UNIQLO
靴　outletshoes

カーキに合わない色はカーキ、
と言われるぐらい、他に何色を持ってきても合う、万能な色のカーキ。
しかも、コーデを全部辛口にしてくれるので、
もう年齢的に似合わないとあきらめがちなフリルもリボンも、
カーキを投入するだけで、大人上品に着られるのです。

洋服で何色にも合う色ってなんだか知ってるにゃん？
うーん、白？
おしいっ
答えはカーキにゃん しかも、コーデが辛口になるにゃん
あからさまに興味なさげにゃんね
辛口…？ つまり…？
のどかの好きなレースやフリルやピンクも、カーキと合わせれば着られるにゃん
ガバッ
えっ
ピンク着られるの？ やったー
好きだけど着られない服箱
封印
泣くほどのことにゃんか？

ラベンダー×カーキ

ラベンダー×カーキ
ぜひしてみてほしい色合わせ!!
柔らかいラベンダーのイメージ×辛さ
でオシャレ度マックス↑↑
カゴバッグに黒が入ると
麦わら素材でもホッコリ
しすぎません。
あまり見かけない色合わせですが
相性が良すぎて
するだけで目立ちます。

チノワイドパンツ　UNIQLO
サンダル　Teva
バッグ　cache cache

ピンク×カーキ

ピンク×カーキ
ピンクを着るときはまず
カーキを選んで!!
ちょうちょ結びは
輪っかが小さいと
大人っぽいです。
カーキ色のパンツも
細い物を選べば
キレイ目に
甘目アイテムを着る時は
靴やバッグはシンプル、
クールな見た目の物を
選んで
ピンクとカーキの
桜もちコーデも
大好きです
私は
道明寺派
にゃん

トップス　ZARA
パンツ　GLOBAL WORK
サンダル　GU
バッグ　ZARA

ネイビー×カーキ

テロッとしたレーヨン素材のブラウスだと
寒色同士でも女性らしい雰囲気になります。
ネイビー×カーキ
知的に見える組合わせ!!
お仕事コーデにオススメです。

レーヨンエアリーブラウス
コットンテーパードアンクルパンツ
以上 UNIQLO
パンプス　SESTO
バッグ　SAVE MY BAG

04

キャラクターは切手サイズのみ

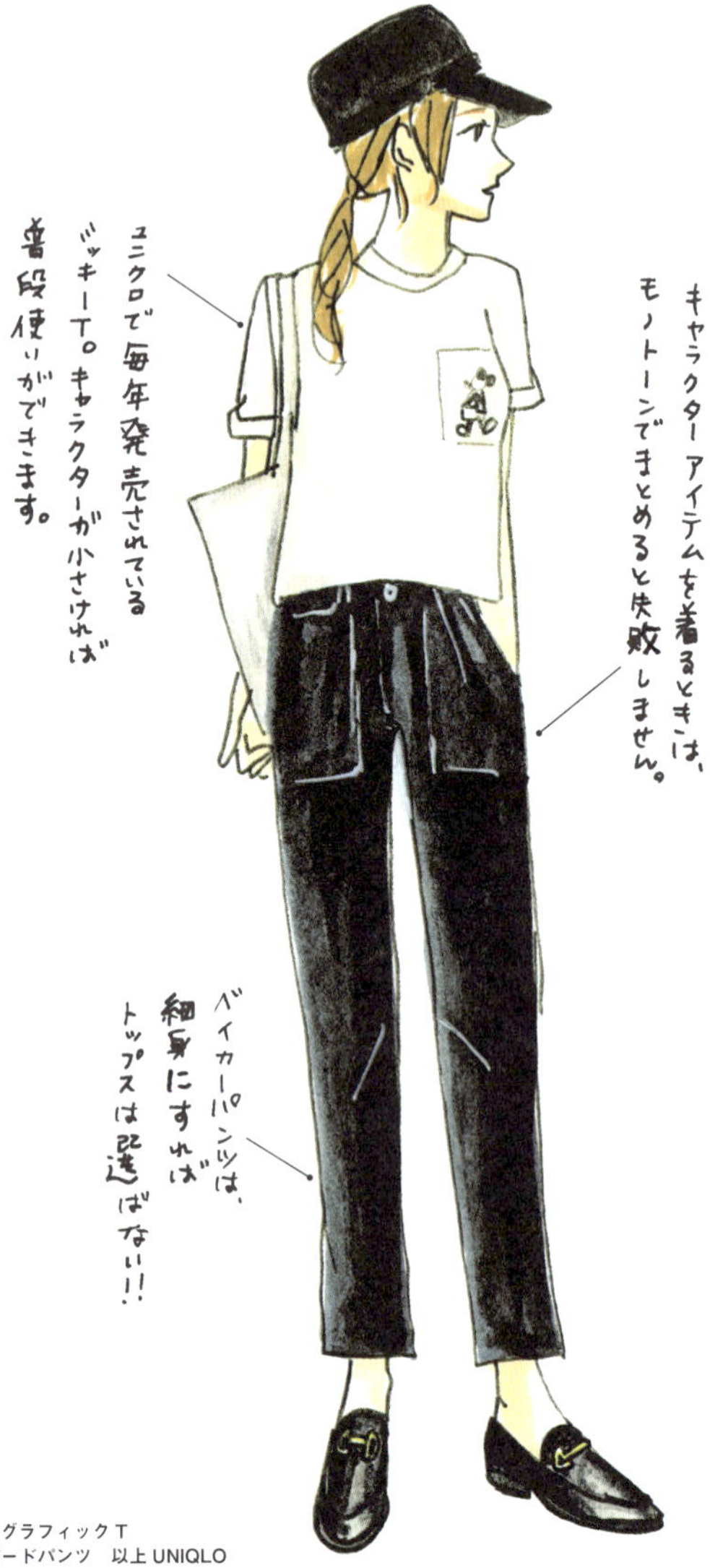

ユニクロで毎年発売されている
ミッキーT。キャラクターが小さければ
普段使いができます。
キャラクターアイテムを着るときは、
モノトーンでまとめると失敗しません。
ベイカーパンツは、
細身にすれば
トップスは選ばない!!

ミッキーブルーグラフィックT
ベイカーテーパードパンツ　以上 UNIQLO
マリンキャップ　reca
靴　Fin
バッグ　MAISON KITSUNE

キャラクターもの、歳を重ねると着られないと思っていませんか？
でも、上手に着るとポイントになるし、おしゃれな人に見えます。

みにゃ子Tシャツつくったよ
I ♥ MINYAKO
子どもっぽいにゃん
似合わないにゃん
イタく見えるにゃん
そこまで言わなくても…
……
私がデザインするよグレーにワンポイントにゃん
カキカキ
グレー、地味じゃない？
ワンポイントの大きさどれくらい？
切手ぐらいにゃん

キャラクターが前に出てしまうと、
洗練された大人のイメージから程遠くなります。
ワンポイントで十分ですので、サイズが小さいものを選びましょう。
物足りないくらいの方が、長く着られます。
様々なコーデにも合わせやすいので、結果お得です。

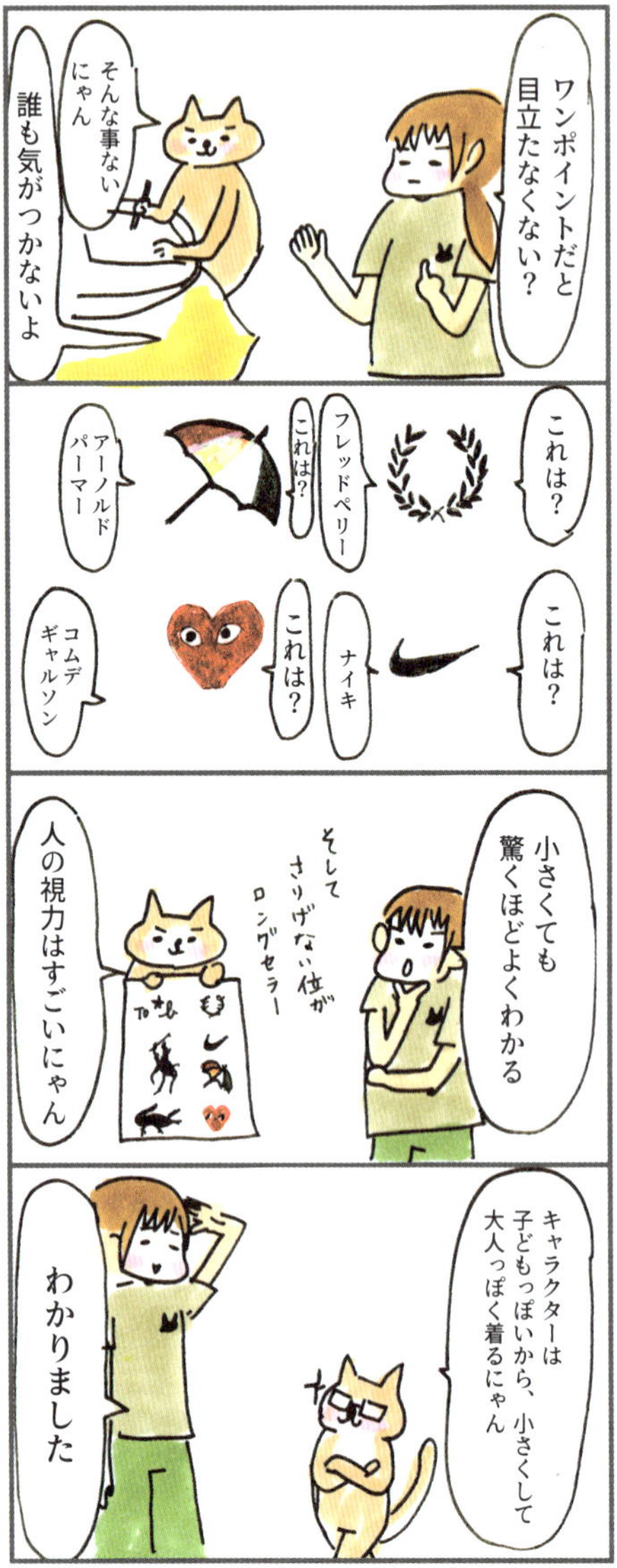
ワンポイントだと目立たなくない？
そんな事ないにゃん
誰も気がつかないよ
これは？
フレッドペリー
これは？
アーノルドパーマー
これは？
ナイキ
これは？
コムデギャルソン
小さくても驚くほどよくわかる
そしてさりげない位がロングセラー
人の視力はすごいにゃん
キャラクターは子どもっぽいから、小さくして大人っぽく着るにゃん
わかりました

キャラクターがついているものを着るときは、
大人っぽいアイテムを合わせましょう。
襟つきのポロシャツや、ペンシルシルエットのデニムスカート、
ヒールのあるサンダルなどは最高です。

大好きなキャラクターだと、やっぱりワクワクしますよね
私はスマイルマークに弱いです
ALLPRESS
黒いパーカーとカーキ色のスカートは、落ちついた雰囲気になる組み合わせです。

スウェット　Levi's

ポロシャツ　GLUTTONOUS
デニムスカート　UNRELISH
サンダル　outletshoes

05

スカーフを買う

ワイドパンツにぴったりした
カットソーは、きりっとした
お仕事コーデになる。
厚底でバックストラップのサンダルは
足をキレイに見せる上に
歩きやすくて最強!!

コンパクトコットンＶネックＴ
ドレープワイドパンツ　以上 UNIQLO
スカーフ　ZAKKA-BOX
サンダル　outletshoes
バッグ　SAVE MY BAG

スカーフが一枚あるだけで、バッグが変身！　洋服が変身！

いつものアイテムがあっという間に今っぽくなります。
スカーフは持っておくと、とても便利です。

よっスチュワーデス
今はCAさんと言うんだよ
よっ仮面ライダー
……
やっぱりスカーフは私にはむり……
顔から離してつけるにゃん
バッグにつけるとか
わ〜、いつものバッグが華やか！
違うバッグみたいにゃん

スカーフは、首以外に巻くのが基本だと思いましょう。
首に巻くものだと思っていると、ハードルが高く取り入れにくいです。

STEP 1

何でもないバッグもスカーフを巻くと華やか!
持ち手にぐるぐる巻きつけるだけです。

STEP1
何にでも合うバッグは少しおとなしめ
そんなとき、スカーフを巻くだけで華やかになります
いつものバッグに変化ができます。
バッグ買い足すより安いにゃん

スカーフを選ぶときは、色が入っていればいるほどいいです。

スカーフはなんでもいいの？
待つにゃん
いろんな色が入ってるスカーフがいいにゃん
規則的な柄だと、巻いたときに単調になってしまう

規則的な柄より、不規則なものにしましょう。
不規則柄だと、巻いたときに単調にならないからです。

スカーフに使われている色と、洋服の色を一色でも合わせてみると色同士がリンクして、まとまりが出てオシャレになりますよ。

基本の巻き方はこうです。

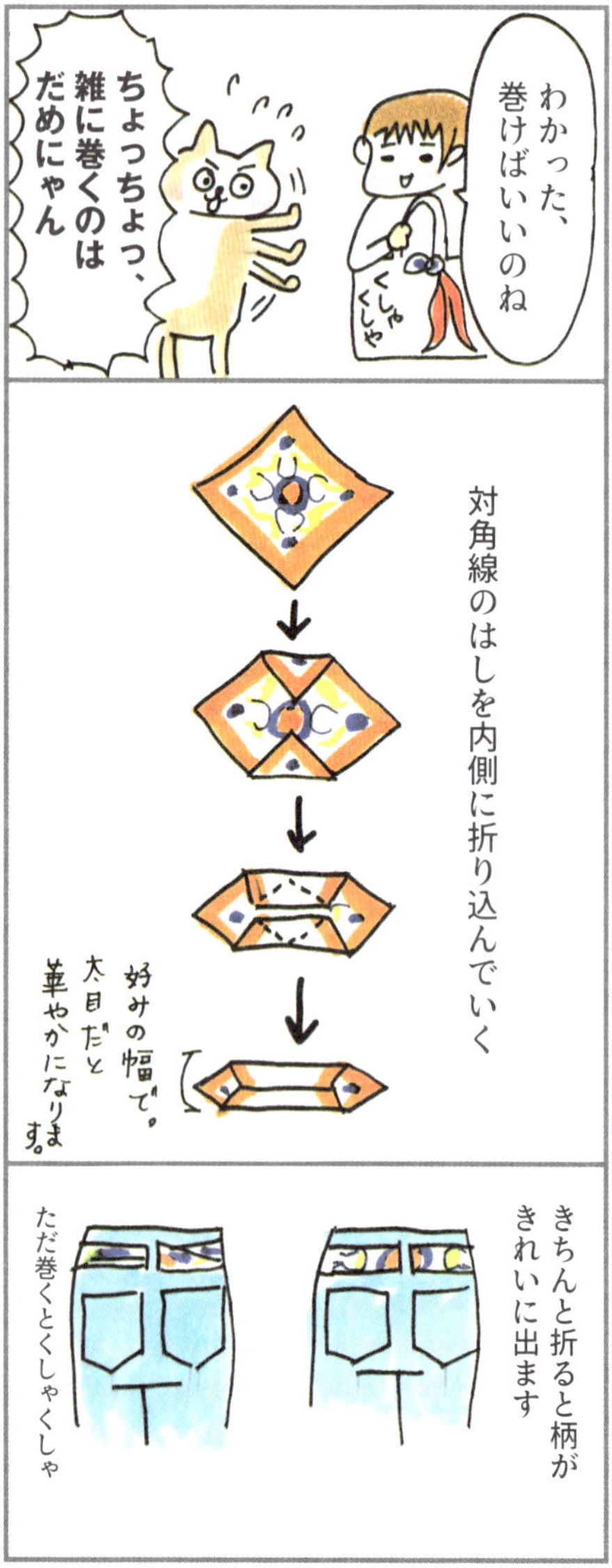

わかった、巻けばいいのね
くしゃくしゃ
ちょっちょっ、雑に巻くのはだめにゃん
対角線のはしを内側に折り込んでいく
好みの幅で。太目だと華やかになります。
きちんと折ると柄がきれいに出ます
ただ巻くとくしゃくしゃ

雑にしてしまうと、時間がたつにつれて崩れるので注意です。

また、鞄以外だとベルトにするのもおすすめ！

STEP 2

ベルトにしてみる

STEP 2
ベルトなんてハードルが上がったよ
ギュギュン
ハードル
まぁまぁ
シンプルなコーデにスカーフのベルトをすると超オシャレになります！このときの洋服はシンプルに。
ベルトにする場合70cm以上がオススメです。
洋服と同系色にするとうまくなじみ取り入れやすいです。
急に今っぽくなったよー

さあ、最後にいよいよ首に巻いてみましょう。次の巻き方にすると、見える面積も小さく、柄のあるトップス感覚で使えます。

STEP 3

首に巻く

STEP 3
いやいや恥ずかしい
首はダメ〜〜
巻き方がバブル世代にゃん
前で固結びにしてひらひら垂らさず仕舞い込む
ココはしまう
なるほど
首があったかいしいつものセーターコーデのポイントになる！
でしょ

首元に少しスカーフが見えるだけで
もう地味にはなりません。

茶色の入ったスカーフは
どんな柄でも
落ちついた印象になります。
小物を茶色にすれば
オシャレすぎてやばいっ
固いバッグは
お仕事の時に凛とした
雰囲気になります。

エクストラファインメリノクルーネックセーター
ベルト
以上 UNIQLO
スカーフ　ZAKKA-BOX
靴　SESTO

06

メンズを買えば、かっこいい服が手に入る

ベージュコート、
パーカー、ボーダーの
定番アイテムも
レイヤードさせると垢抜けます。
赤パンプスは
メンズライクコーデを
一気にレディに
してくれる♥
MHL.

ブロックテックステンカラーコート
ウォッシャブルボーダークルーネックセーター（メンズ）
スウェットフルジップパーカ（メンズ）
ハイライズシガレットジーンズ
以上 UNIQLO
靴　SESTO
トートバッグ　MARGARET HOWELL

メンズを着るワザを身につければ、女性ものでは見かけない素敵な服が手に入れられるチャンスが増えます。

コツは、メンズのSサイズをウィメンズのLサイズだと思うことだけです。

着たい洋服がない
メンズも見に行こうにゃん
メンズ着られるかな
トップスだと身長気にせず着られるにゃんよ
メンズだとシンプルなデザインが多いね
よけいな装飾がなくてカッコいいにゃんよ
シャツはダボダボすぎるね
腕まくりしやすいにゃん
半袖か、袖にリブのあるデザインにすると着やすいにゃん

ただ、メンズのシャツは女性には袖が長くてダボダボなので、半袖にしましょう。

メンズを取り入れるメリットはこれです。

特にユニクロのメンズは、
ウィメンズと比べてベーシックなアイテムが多いです。
また、色展開もウィメンズにはない
カラー展開があって楽しめます。

グレーやカーキ色のチュールスカートは
甘さが抑えられて大人女性にも
ぴったり!!
袖まくりすると
スッキリ着られます。
スウェットは、メンズならではの
ダボダボ感がかわいい

スウェットプルパーカ（メンズ）
ハイウエストシフォンプリーツスカート　以上 UNIQLO
靴　adidas

07

靴はこの3足あればいい

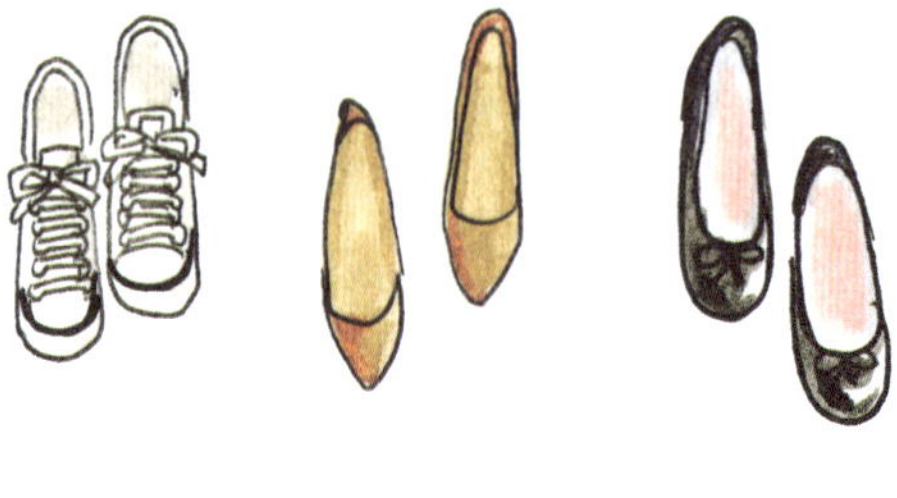

靴は、ついつい好きな形ばかりを買ってしまいがちです。靴で気をつけるべきなのは、違う種類の靴を意識的に持つこと。靴が違えば、自然と雰囲気の違ったおしゃれになって、便利です。

私の理想は
シューズクローゼットのある家！
のどか、女性がすべてシューズクローゼットが欲しいとでも!?
ズッ
えっ違うの？
私の理想のクローゼットはこれにゃん！
バーン
カツオブシーッ

最低限持っておくといいのは、
黒いバレエシューズ
ベージュのパンプス
白いスニーカー
です。

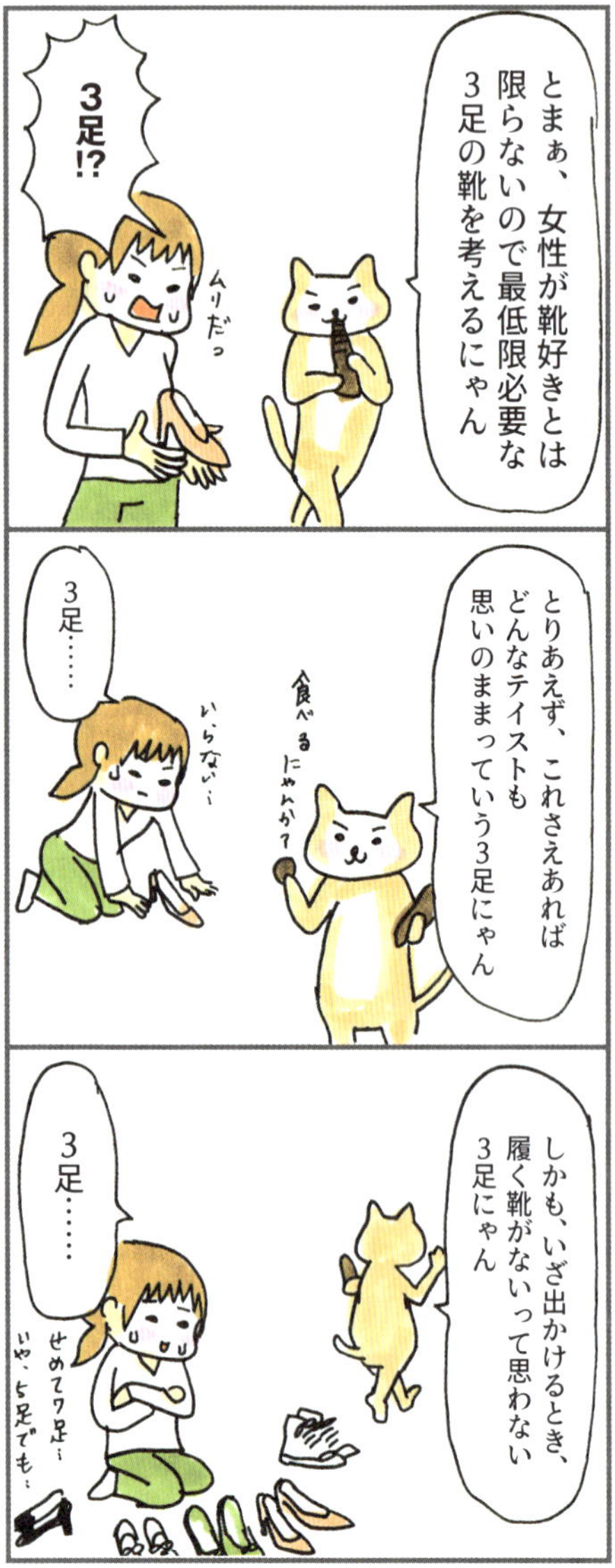
とまぁ、女性が靴好きとは限らないので最低限必要な3足の靴を考えるにゃん
3足!?
ムリだっ
とりあえず、これさえあればどんなテイストも思いのままっていう3足にゃん
食べるにゃんか?
3足……
いらない…
しかも、いざ出かけるとき、履く靴がないって思わない3足にゃん
3足……
せめて7足…
いや、5足でも…

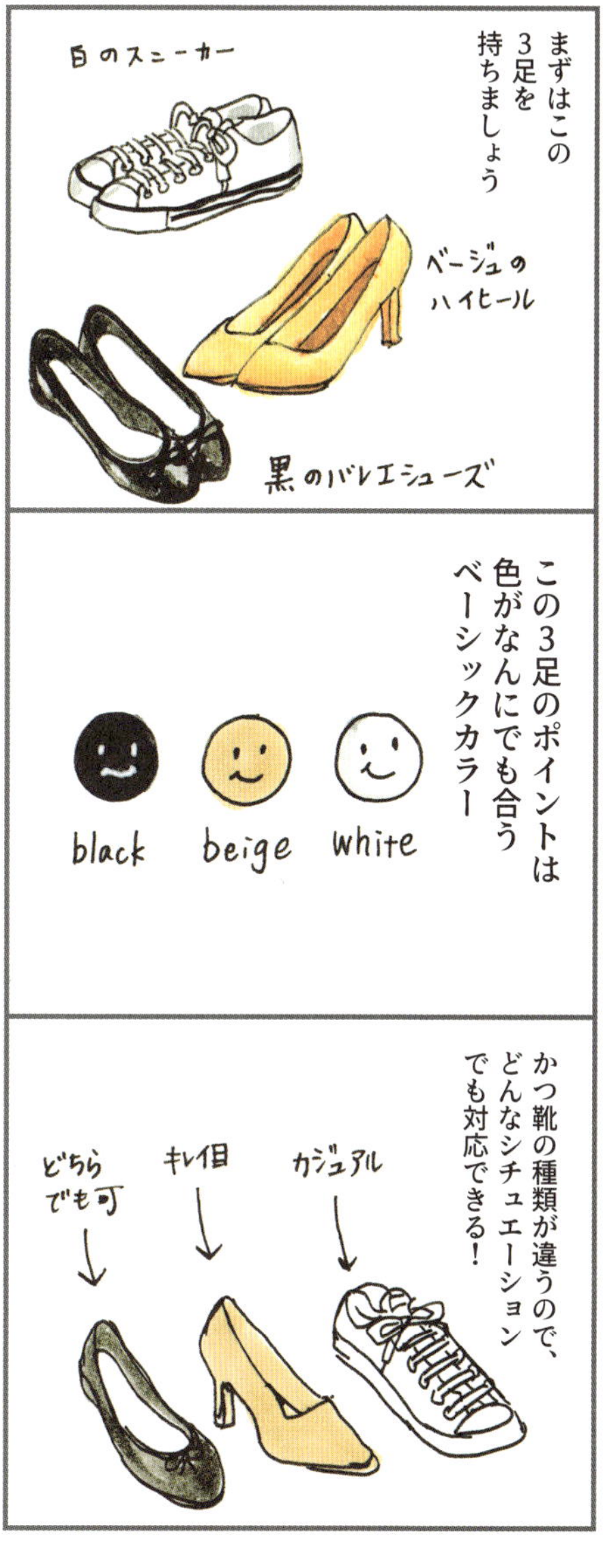
まずはこの
3足を
持ちましょう
白のスニーカー
ベージュの
ハイヒール
黒のバレエシューズ
この3足のポイントは
色がなんにでも合う
ベーシックカラー
black
beige
white
かつ靴の種類が違うので、
どんなシチュエーション
でも対応できる！
カジュアル
キレイ目
どちら
でも可

ちなみに、パンプスはベージュがいいのは、肌と同じ色なので、脚がきれいに長く見えるからです。

靴は、色やデザインは違っても種類が同じだと、様々なシチュエーションのコーデには対応できません。

バーベキューに履いて行く靴がない…
スーツにスニーカーって、オシャレ上級者かっ！
パーティーだからもう少し、足元を華やかにしたい……

とりあえずこの3足を持った上で、
夏はサンダル、
冬はブーツを買い足しましょう。
その後、自分の好きな靴を思うまま買ってください！
ピンクやブルーなど、派手な主役級の靴は着回しがしづらいので、
3足を揃えてから持ちましょう。

靴が変わると、自分のテイストが広がります。同じレーススカートでもこんな感じです。

Tシャツ　MARGARET HOWELL
レーススカート　UNIQLO
スニーカー　CONVERSE
バッグ　L.L.Bean

レーススカートでも
スニーカー、キャンバスバッグ、
Tシャツで合わせると
カジュアルダウンできます。

バレエシューズとカゴバッグの黒を
リンクさせるとコーデに
まとまりが出てオシャレです。

Tシャツ
デニムジャケット
レーススカート
バレエシューズ
以上 UNIQLO
バッグ　Caterina Bertini

オフィスコーデでは
スカート以外はシンプルに。

トップス　Myu
レーススカート　UNIQLO
パンプス　SESTO
バッグ　ZAKKA-BOX

ボーダー×デニムコーデだと、靴を変えるとこうなります。

ボーダーセーターはカットソー素材よりキレイ目!!
パンプスを合わせると
キレイ目とカジュアルがミックスされて上級者♪♪♪

ウォッシュボーダークルーネックセーター
ハイライズストレートアンクルジーンズ
以上 UNIQLO
パンプス　SESTO

デニムにスニーカーを合わせる場合、シャツを巻いて
ウエストを強調!! 意識的にメリハリを
つくりましょう。

ウォッシュボーダークルーネックセーター
ハイライズストレートアンクルジーンズ
チェックシャツ　以上 UNIQLO
リュック　無印良品
スニーカー　CONVERSE

バレエシューズに黒い小さいバッグに
カーディガン。黒をちりばめると1つ1つの
面積が小さくても引き締まります。

ウォッシュボーダークルーネックセーター
ハイライズストレートアンクルジーンズ
エクストラファインメリノクルーネックカーディガン
バレエシューズ
以上 UNIQLO

フランネルシャツのワンピースを3足で着回すとこんな感じです。
つまり、いつもの服でも靴を変えるだけで、
着回しの幅が広がるんです！

リブレギンスにスニーカーは、
タイツよりもオシャレに見えます。

フランネルチェックワンピース
コットンツイルキャップ
ストレッチダウンベスト　以上 UNIQLO
リブレギンス　RINORINO
スニーカー　CONVERSE
トートバッグ　MAISON KITSUNE

ブラウンのヒートテックタイツは、
ベージュパンプスを自然と
つなげてくれて便利!!

フランネルチェックワンピース
ネオレザーライダースジャケット　以上 UNIQLO
パンプス　SESTO

黒バレエシューズに
薄いグレーの靴下を合わせると
秋の最強オシャレ♡

フランネルチェックワンピース　UNIQLO
カーディガン　DHOLIC
バレエシューズ　UNIQLO
リュック　ZAKKA-BOX

08

試着はしなくてもいい

フリル袖のTシャツは、着るだけでサマになります。
リボンベルトは横にずらして長めに垂らしてみましょう!!気になるお腹周りがスッキリ見えます。

フリルスリーブT
ベルテッドリネンコットンワイドパンツ
以上 UNIQLO
サンダル　CHARLES & KEITH
フリンジバッグ　URBAN RESEARCH

試着がめんどくさいとき、ありますよね。
そんなときは、いつものサイズを買ってください。
よく、アイテムごとにサイズが違うから試した方がいいと言われますが、
大体一緒です。

あのトップス、欲しがってたやつにゃん買うにゃんよ
SALE
今日、ワンピースで試着が大変だからまたでいいや
試着しないでいつものサイズで買うにゃん
いろんなサイズを試着すればより自分にぴったりがわかるかもだし
Mサイズ
ぴったり目
XLサイズ
ゆったり目
試着がめんどうでせっかく安くなってるのに買い逃す方がもったいないにゃん
試着しなくていいにゃん

アイテムによっては「大きめサイズ」がゆるっと着られてかわいい、などとも言われますが、わざと大きいサイズを着る場合、太って見せないために、他にも気を遣わなければならずめんどうです。いつものサイズを選んだ方が楽です。

のどか、サイズいくつ?
Mサイズだけど、着てみるよ
Mサイズ、ぴったりにゃんよ
うん、いつものサイズでいいみたい
でもXLをゆるっと着てもかわいくない?
うーん
トップスを大きめにするなら、ボトムスやアクセサリーで縦ラインをつくらないとバランスが悪いにゃん
Mください
ムリっ
いつものMサイズ最高〜

9 試着なしでもゆるっとサイズを使いこなせる

それでは、ゆるっとした服を着たいときはどうしたらいいでしょうか？

その場合は、いつものサイズでゆるっとしたデザインのものを選びましょう。

ブランドも考えているので、

ゆるっと着るとかわいいアイテムも、いつものサイズでつくっています。

大きいサイズをゆるっと着るとかわいくない？
まだ言うか
諦めが悪いにゃんね
サイズをあげてゆるっと着たいけど、バランスを取る工夫はしたくないと…？
わがままにゃん
そうそう、ただ着てキマる服が欲しい
最初からゆるっとしたデザインの服を選べば
まあコーヒーでも飲むにゃん
その発想はなかった！

ユニクロでは商品名に「オーバーサイズ」「クロップド」とついているものがゆるっとアイテムです。

ただ着るだけで、めっちゃおしゃれです。

肩が落ちたデザインのニットは、
肩まわりが目立たず着やせします。

Myu

ボックス型のシルエットになる
ボーダートップスは
トレンド感満載!!
ワイドパンツやスカートなど
なんにでも合います。

ボーダー
ワイドスリーブT
UNIQLO

袖がチュール素材とニットの
切り替えデザインのトップスは、
他をシンプルにして引算コーデ。

&.NOSTALGIA

ワイドパンツなどの
固い素材のパンツには
柔らかい生地のブラウス
と合わせましょう♡

GU

10 白いアイテムはプチプラで買う

白でもニット、カシミヤストール、モコモコバッグと素材を変えると立体感が出てオシャレです。

アイボリーのざっくりニットにアコーディオンプリーツのスカートは冬ならではのコーデ。Iラインシルエットになってスタイルが良く見えます。

カシミヤストール　macocca
スカート　MODE ROBE
サイドゴアブーツ　FABIO RUSCONI
バッグ　ZAKKA-BOX

白は、特別な色です。

圧倒的に清潔感があり、肌映りも良く、若々しく見えます。

白は女性を、より素敵に魅せます。

そんな白の欠点、それは「汚れが目立つ」こと。**だから、プチプラで揃えましょう。**

汚れが目立ちそうだから
白は買うのやめよっ…。
もったいないにゃん!
汚れたらなめればいいにゃんっ
圧倒的清潔感のある白を味方につけるにゃん!
映画のヒロインはいつも白猫にゃんっ ズルイにゃんっ!!
はい…

ユニクロを始めとするファストファッションでは、
ほとんどのアイテムは5000円以下で手に入ります。

白には二種類あります。
青みがかった白は涼しげでクールに見え、
オフホワイトは暖かさや優しさを感じます。

クールな青みの白

暖かさがあるオフホワイト

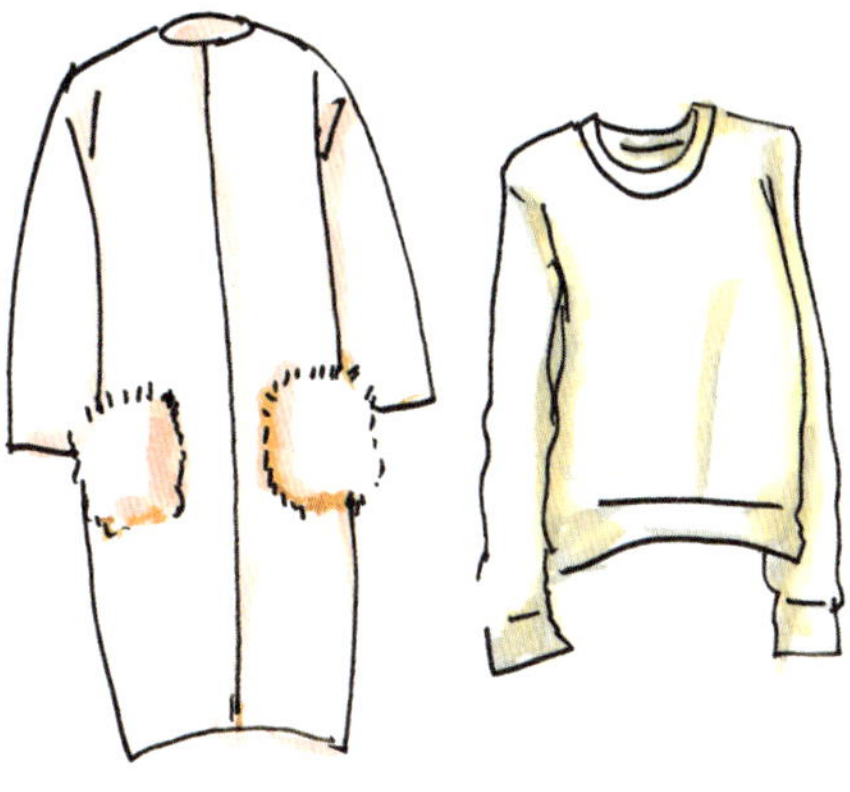

白で思い浮かべるイメージは、素敵なものが多いですよね。

“ 雪 ”

“ パール ”

“ 白衣 ”

“ ウエディングドレス ”

“ かすみ草 ”

白を身につけると、そうしたイメージがあなたの雰囲気になります。

洗濯しても落ちないくらい汚れたり、
くすんできたら潔く処分して新たに買いましょう。
私は、着なくなったユニクロとGUの服は、どちらかのお店の
リサイクルボックスに持っていきます。

処分どきって
いつ？
さすがにそれは
処分どきにゃん

白の処分どきはこちらです。

シャツ
こすり洗いしても落ちない えりの黄バミ
バッグ
持ち手の黄バミ
MAISON KITSUNÉ
PARIS FRANCE
白いスニーカー
スニーカーのかかとのすりへり
ロゴが欠けたりしてると残念
黄バミ
Tシャツ
すそやそでのラインがヘロヘロの曲線になったらカッコ悪い
白いパンツ
たとえ小さくても、絶対落ちないシミ

白を着たときにカレーうどんを食べるとドキドキする～
この勝負
どちらが勝つかな…ウフフ
バカにゃん
誰も得しない勝負にゃん
ピッ
はねたー
やっぱり!!
これはくたびれているけれど、みにゃ子に初めて会ったときに着ていたから捨てられない
そういうのは無理しないで取っておけばいいにゃん

11 最先端のデザインが欲しいなら、入り口付近のものを買う

トレンドアイテムは、たいていお店の入り口にいちばん近い場所にあります。流行っているものを買いたかったら、入り口あたりで選びましょう。

で、今って何が流行ってるの？
すぐ聞くにゃん
お店に行っていちばん入口側に近いものがトレンド、売れ筋にゃん
そのトレンドの、ベーシックカラーを選ぶにゃん
白なら手持ちの服と合わせやすい
大特価
隊長!! こんな奥に掘り出し物が!!
掘り出し物はセンスがないと着こなせないにゃんっ

ちなみに、シーズンオフの洋服や大幅値下げされているアイテムは、旬を過ぎたアイテムです。これらを着こなすためには他のアイテムが必要だったりと、めんどうなのでやめましょう。

去年のセールと福袋で買ったアイテム、計175%オフだよ！
2つで二千円ちょいだよ!!
このアイテムに合う洋服買ってきまーす
ちょ、ちょっと
この連鎖やめるにゃん
安いから買う
合う服がない
着るための物を買い足す
買うときは得した気分になるんだよ

旬な物を旬なタイミングで着ることが、余計な出費を増やさず、コーデを組むのも簡単にします。

12

デニムには女性らしいものを合わせると覚える

リネンシャツは大人にこそ似合うシャツ!! 発色が良く、キレイな色がたくさんあります。
ユニクロのリブレースブラタンクトップは見えてもインナーっぽくないカワイイデザインです。
トートバッグを半分に畳んでクラッチ持ちするととってもオシャレ

プレミアムリネンシャツ
ハイライズシガレットジーンズ
以上 UNIQLO
シューズ　outletshoes
バッグ　ROOTOTE

デニムは、元々作業着としてつくられたボトムスですので、ふつうに履いているとカジュアルになりがちです。

のどか部屋着で
でかけるにゃんか?
シンプルイズベスト
飾らないオシャレだよ
危険にゃん
デニムは作業着！
30代以上はシンプル
すぎはダメにゃん
近所に行くだけだよ
デニムにはキレイ目の
アイテムを合わせる
にゃんっっ

デニムを着るときのコツを知っておくだけで、毎日が急におしゃれになりますよ！

コツは簡単！

履くときに、女性らしいアイテムと合わせることです。

デニムのときは、

スウェットより
ニット

スニーカーより
甲の見える靴

Tシャツより
ブラウス、シャツ

リュックよりショルダー

キャップよりハット

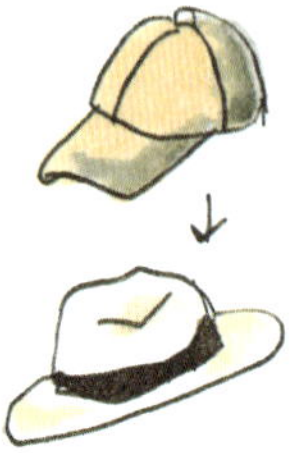

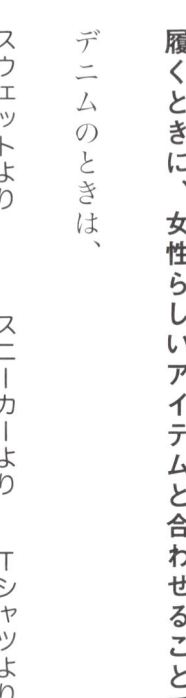

どこかひとつキレイ目を入れるだけで、デニムは作業着から格上げされます。

リュックをやめて小さ目バッグに。
スニーカーをバレエシューズに
セーターにかえるだけ
全部変えなきゃダメ?
ちょっとそこまで行くだけなのに
どれかでいいにゃん
じゃあ今日はブラウスで
どこ行くにゃんか?
おやつ買いにスーパーまで
近

13

シワにならない神素材

五分袖でも
袖ぐりが広いものにすると
風が通って涼しいです。
サーキュラースカートはたっぷり布が使われているので、
ボリュームが出て華やか!!
ドットのアイテムは、
モノトーンでコーデをつくると
甘さが抑えられて、大人っぽく
まとまります。

ドレープＴブラウス
サーキュラースカート　以上 UNIQLO
バッグ　grande grace

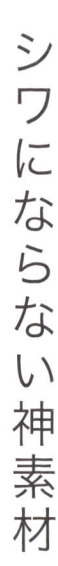

アイロン、めんどうですよね！
でも、シワにならない服を持っていると、
そもそもかけなくてすむのでラクですよ。
ここでは、シワにならないユニクロアイテムを紹介します。

ノーアイロン素材好きにゃんね
アイロン、本当にめんどう
朝アイロンかける暇ないし
女子力高い
友人
私は週末まとめてかけるよ
週末アイロンをかける時間は寝ていたい
自動アイロンロボットかシワになりにくいブラウスちょうだい
ガラガラ
そういうと思ったにゃん

仕事着におすすめなのは、ユニクロのドレープ素材です。
ツヤがあって高価に見え、
シワにならず
乾きやすい
良いところだらけの素材です！

グレーのひとつボタンの
ジャケットは、カッチリした
着こなしが苦手な人でも
柔らかいイメージで
着られます。

ドレープVネックブラウス
チェックナロースカート
ストレッチテーラードジャケット　以上UNIQLO
靴　SESTO
バッグ　SAVE MY BAG

種類がいくつかあるのですが、ノースリーブのものにすると、
袖がもたつく心配がなく、襟もないので
どんなジャケットのインナーとしても合います。

暑いときにはノースリーブタイプと
マキシスカートを合わせて。
ドレープ生地のツヤが、肌見せ
でも品良くしてくれます。

ドレープVネックブラウス

裾がラウンドしていて
短めなので、
出して着ても可愛いです。

ドレープTブラウス

このアイテムは、Tシャツのように使えて、
Tシャツよりもキレイ目に仕上がるので本当に便利です。
お子さんのいる方は、学校行事などで、
くだけすぎたイメージになりたくないときにも
一枚入れるといいでしょう。

ペーパーナカオレハット
ドレープVネックブラウス　以上 UNIQLO
サンダル　outletshoes
バッグ　Hervé Chapelier

ドレープTブラウス
ハイライズシガレットジーンズ
以上 UNIQLO
スリッポン　TOMS
バッグ　Hervé Chapelier

14

流行色はとりあえず無視

革のリュックは、コーデに入れるだけで「センスのいい人」に見えます。
濃いパープルは白と相性抜群。女性らしい柔らかい雰囲気になります。
スタッズやパールつきのローファーは、シンプルコーデのポイントになります。

ヒートテックレギンスパンツ　UNIQLO
ローファー　ZARA
リュック　ZAKKA-BOX

毎年ファッションの世界にも流行のカラーがあり、「この色、いろんなお店や雑誌で何度も見る」と思うくらい、いっせいに似た色が発売されます。

結論から言うと、流行色は追わない方が結果おしゃれです。

深いパープルが流行ってるから買っちゃった
またこんなに買って
悪いけど全然似合ってないにゃん
ガーン

人は、すべての色が似合うわけではないので、似合うように着るには、他のアイテムやテクニックが必要です。

流行の服にはトレンドカラー
×
トレンドデザイン
と2パターンあります。
似合わない色を着るのはマイナスです
トレンドのデザインは、ベーシックカラーで十分

トレンドの形さえ着ていれば、十分センスよく見えますし、そちらの方が簡単に似合います。

トレンドデザインで好きな色やベーシックカラーを買いましょう。

色は形の次です。

15

首か袖か、デザインはひとつ

ワイドパンツに、短め丈トップスにするだけ。
ただそれだけで、
トレンドシルエットのできあがり！
夏は、アイテムが少ない分、
こんなインパクトのある
バッグも持てちゃう!!

セーター　SLOBE IENA
ハイウエストチノワイドパンツ　UNIQLO
バッグ　a-jolie

かわいいトップスを上手に着るポイントは、**「首元か袖かにデザインがひとつ」と覚えておくことです。**これだけ守れば大丈夫です。

一枚で主役級のブラウス見つけました
合唱団!? 宝塚?
若い子が着るとかわいいのに
若い子のツヤがまぶしい
大人は首か袖かどちらかのデザインにしないと負けるにゃん
どっちがいいかな?
首か
袖か
気負わず着られるのは盛り袖にゃん
首元スッキリ袖ボワンがいいにゃん

まだまだ盛り袖のメリットはあります。

この腕が目立たない
アクセサリーがなくても華やか
大人はデコルテが薄くなるので細見えします
着やせする
盛り袖サイコー
暑いにゃんっっ

ぜひ、気軽におしゃれになれる盛り袖を楽しんでください！

フレアスリーブは
手元が華やかになります。
丈の長いワイドパンツの
サロペットは、
大人女性も気負わず
着られます。

クレープジャージーフレアスリーブT
ポンチカシュクールオールインワン　以上 UNIQLO
靴　ZARA

16

バッグは3種類買うと超おしゃれな人

バッグ、気づくと似た形ばっかり持っている方も多いと思います。

バッグで揃えればいいのは、最低3つです。

必要なのは、**薄い色のリュック、大き目の肩掛け（ショルダー）バッグ、チェーンバッグの3つです。**

リュック大好き！両手が空くし
こっちはレザー調でキレイ目にも合うよ
ふーん。手紙来てるにゃん
しまった！20年ぶりの同窓会！バッグがない！
リュック持ち過ぎにゃん
外しテク。あえてのリュック合わせ
エヘヘ
無理があるにゃん
バッグ、何を持てばいいの？
この3つにゃんよ
そういうと思ったにゃん

この3つはテイストがまったく違うので、「バッグがない！」ということがなくなります。

まずは、薄い色のリュックです。

薄い色のリュックは、夏は涼し気に見え、
冬は濃い色のアウターが多いので、重たくなりません。白もOKです。

次は大きめの肩掛けバッグです。

SAVE MY BAG
とにかく軽い!!
ウェットスーツ素材で作られているので丸洗いできるのも魅力♥

ZAKKA-BOX
トレンドアイテムがプチプラで揃うのが嬉しい

吉田カバン
とにかく丈夫。男女どちらも使えるデザインでシンプル

季節感のある小物をつけると、

簡単な上に季節ごとのバッグを買わなくてもよく、安くすみます。

最後はチェーンバッグです。
チェーンバッグは3つの中でいちばん使用頻度が低いですが、
ひとつあるとすごく便利です。
非日常的なシチュエーションで大活躍します。

DHOLIC

→肩の部分がレザータイプは
長時間持っていても
くいこまず痛くないです。

ZAKKA-BOX

←二重チェーンタイプは
ハンドバッグ・ショルダー、と
持ち方をかえられて便利

FURLA

小さくてビビッドカラーの
バッグは華やかでアクセサリー代わりに
なります。

小さいチェーンバック
憧れるけど、
長財布入らないから
ムリ
長財布やめれば

チェーンバッグがあると便利なシチュエーションは

女子会

荷物が少ないと
なんだかオシャレ

パーティー

椅子の背に置いても
邪魔にならない大きさ

旅行

両手があいて便利

この３つがあると、どんなコーデにも合うので、バッグを変えるだけで、自分の服がいつもと違ったテイストに見えます。急におしゃれになりますので、ぜひ揃えてみてくださいね。

白いリュックは
汚れるから
防水スプレーを
してね

固くて四角いバッグは
お仕事用に。
キャンパス素材は
ママバッグとして
おすすめです。

ちょっとしたお出かけに
着ていく服がなくて
新しく買わなくちゃ
と思うときは

いつもの服に
チェーンバッグを
合わせてみると見違えます。

17 スカートは「長くて広がっていない」なら絶対に失敗しない

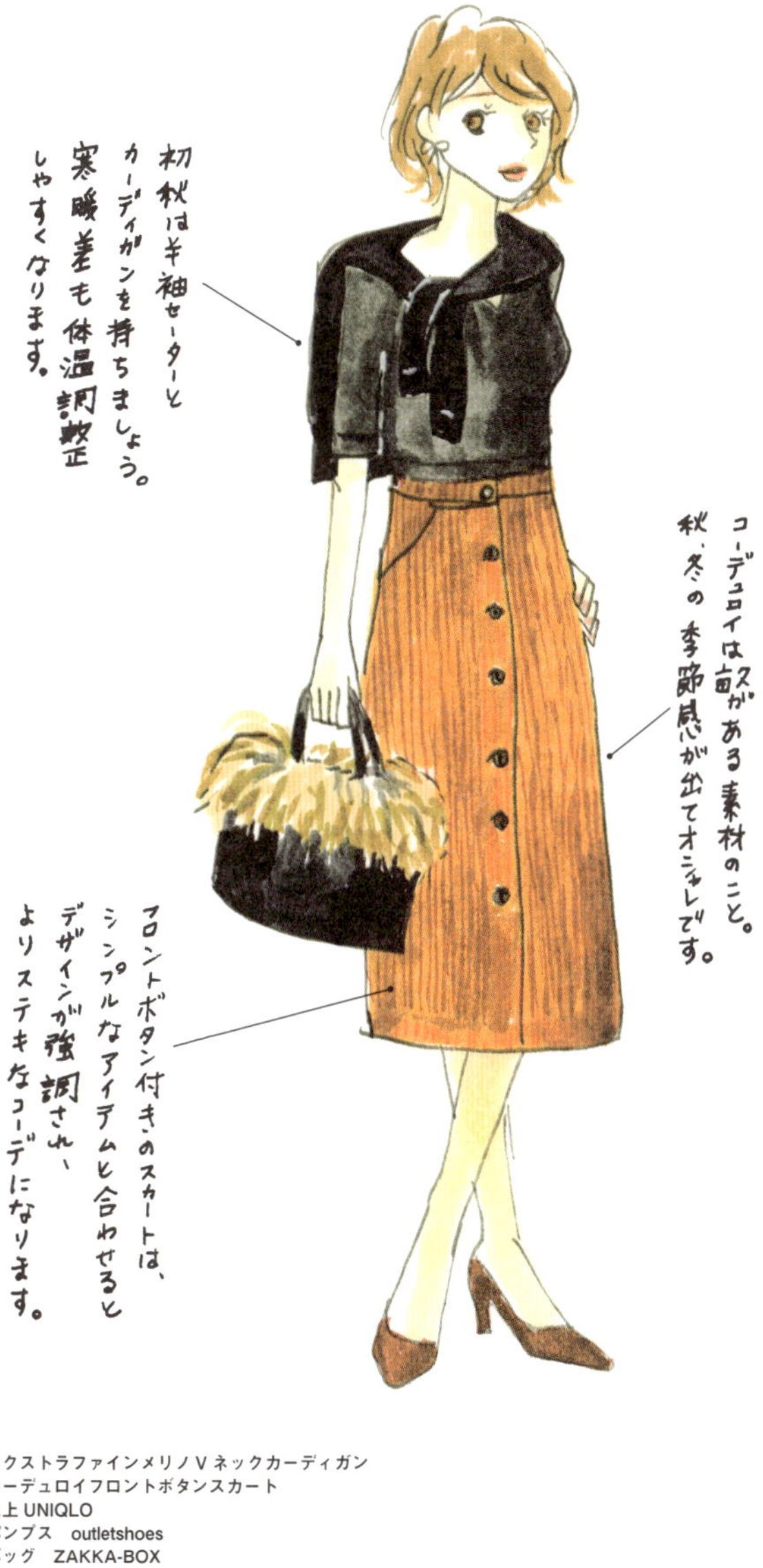
初秋は半袖セーターとカーディガンを持ちましょう。寒暖差も体温調整しやすくなります。
コーデュロイは畝がある素材のこと。秋、冬の季節感が出てオシャレです。
フロントボタン付きのスカートは、シンプルなアイテムと合わせるとデザインが強調され、よりステキなコーデになります。

エクストラファインメリノＶネックカーディガン
コーデュロイフロントボタンスカート
以上 UNIQLO
パンプス　outletshoes
バッグ　ZAKKA-BOX

「このスカート、似合わなくなってきたな」、ということはありませんか？
スカートの選び方の基準は意外にシンプルです。
「丈が長め」、そして「広がっていないスカート」です。

スカートって履いていいの？
選ぶポイントは？
色？　デザイン？
………
どれが正解？
長くて広がってない
物を選べば
たいてい似合うにゃん
試着だらけ
え？　それだけ？
なんか選びやすい！
OK
NG
色やデザインは
何でもOK。
長さと広がりが
重要にゃん
NG
OK

もちろん、好きな服を着るのも素敵なことです。
でも、残念ながら、自分に似合わない服もこの世には存在します。
それを似合うようにするのがきっとオシャレの醍醐味なのでしょうが、
めんどくさいときは、長めスカートを持っておくといいですよ。

女の子が履くスカートは
動きやすさも考えて
ふんわり短い
デザインがほとんど
だからふんわりミニスカートを履くと、どうしても幼いイメージになり見た目とギャップが出るにゃん
私は鍛えてるので
肉体年齢10代よ
だから短いスカート
履くわよ
勇者にゃんっ

もしセクシーに見せたかったら、深めにスリットが入っているものを選べば、大人っぽくて素敵です。

ねぇお茶しない？
おっとマダム失礼
本当に失礼よ
あの人は若々しくてステキなのに、10代の格好をしてるばっかりに台なしにゃん…
プリプリ
たしかに……

カジュアルなコーデも、広がっていないスカートなら品がよく見えます。

バッグのストラップを短めにすると、重心が上がり↑↑スタイル良く見えます。
THE NORTH FACE
派手カラーのスカートの場合、他を黒と白でまとめると落ちつきます。
春や秋はサンダルに靴下を合わせるとオシャレ♡

ワッフルクルーネックT　UNIQLO
スカート　GU
サンダル　Teva
バッグ　THE NORTH FACE

18
白のシャツより ネイビーのストライプシャツ

ストライプシャツとグリーンの
組み合わせは清潔感が
ある上に華やかなコーデです。
黒が使われている
四角いカゴバッグは、カッコ良さも
あるので洗練されて見えます。

エクストラファインコットンストライプシャツ
ハイウエストドライストレッチタックスカート　以上 UNIQLO
バレエシューズ　outletshoes
バッグ　MURA

巷《ちまた》では、白いシャツが似合わない女性はいないと言うけれど……。
本当でしょうか？

カッチリしすぎて見えたり、

まじめそう…

割烹着に見える人も。

美味しいごはんつくりそう…

白いシャツの持つ「制服感」はコントロールが大変です。

代わりに、ネイビーのストライプシャツなら完璧です。

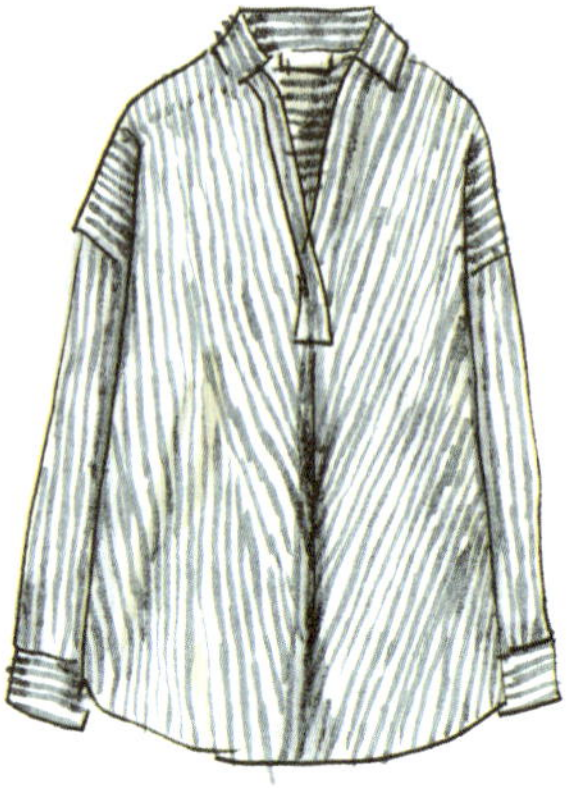

着やせするし、
着回せるし
いいことだらけ！

白とネイビーの持つ爽やかさ。
制服感のない大人っぽさ。
細いストライプがキレイ目の雰囲気を出しながらも、
ゆるっとしたシルエットがカジュアルさを出すので、
キレイ目もカジュアルも、どちらのコーデにも合います。
素材はコットンを選ぶと抜け感が出ます。

オフィスコーデにもカジュアルコーデにも、何にでも合う懐の深いシャツ。

ぜひネイビーのピンストライプシャツを一枚持っておきましょう！

シャツは、ニットワンピースの下に着ても可愛い♡
シルバーのバッグはダークカラーが多いときに明るさを足せます。

エクストラファインコットン
ストライプシャツ
ニットワンピース　以上 UNIQLO
リブレギンス　RINORINO
バレエシューズ　outletshoes
バッグ　VIA BUS STOP

メンズライクなチノパンコーデのときは、ピアスは大きめを選びましょう。
チノパンにシャツを合わせるとリラックス感のあるカッコイイコーデになります。
フリンジバッグと革靴を白にすることでキレイ目に仕上げます。

エクストラファインコットンストライプシャツ
コットンテーパードアンクルパンツ　以上 UNIQLO
靴　Fin
バッグ　URBAN RESEARCH

19

小さいアクセサリーを必ずつける

ネックレスとピアスのテイストを揃えると、小さいのに存在感が増して
オシャレ度UP↑↑
横に開いているボートネックには、ロングネックレスを。
縦ラインを作ってスッキリ見せます。
冬はサークルピアスがオススメ!!
キャッチタイプだとフードやストールに触れて外れることもありますが
サークルタイプはその心配ナシ!!

歳を重ねると減っていく肌や髪のツヤ。

じつはこの問題は、アクセサリーの力で解決できます。
人を若く見せるものは何よりツヤ。
アクセサリーのキラキラは、あなたにツヤを足してくれるのです。

大人女性の輝きのためには
高い化粧水じゃなく、
アクセサリーにゃん！
ドンッ
どんなに小さなピアスでも
光が当たれば反射して輝くことを
知らない人は多い
そして雰囲気のあるレストランやカフェは
歳を重ねていく女性には不利になるのである
みたや子
ホラーっぽい
のどかも
にゃん

ピアスやイヤリングは、次ページの３つのどれかを毎日つけるようにしましょう。

つける習慣のない人でも、

毎朝つけるように心がけると絶対に慣れてきます。

パール

パールとボーダーは
最強コンビ!!

ぶらさがり

なるべく
細いデザインで
きゃしゃなので
オフィスでも浮きません
シャツとデニムのシンプルコーデに
ぶら下がりタイプで女性らしさを

輪っか

輪が大きいと
カジュアルに。
小さいとキレイ目
に見えます
モノトーンに合わせると
丸が柔らかな
雰囲気に見せます

金属の部分は、シルバーだとクールなイメージ。
ゴールドだと温かみがあり、華やかになります。

これら3種は小さいので主張せず、どんな洋服にもなじみます。ですので、選ぶ時間なしでただ身につけるだけでOK。

アクセサリーは筋トレと同じです。
毎日コツコツ続けることで試合（特別に飾るとき）でも失敗しなくなります。
アクセサリーを毎日つけることで身につく力はこちらです。

①引き算がわかる
ピアスを主役にして他をシンプルにしよう
たまにつけると
引き算するにゃんよ
まぶしいにゃん
ゴチャゴチャ
あるだけつけたよ
②自信が持てる
毎日つけているから大きいピアスをつけてもドキドキせずワクワク
たまにつけると
へんじゃない？目立ち過ぎ？
外す？もう外そうかな
毎日つけて慣れるにゃんよ

ピアスを毎日つけるようになると、
大ぶりピアスも臆せずつけられるようになります。

③足し算だってできるようになる
ヘアもメイクもアクセサリーも盛り盛り
盛り盛りのときは、アクセサリーのテイストを揃えるにゃん
テイスト？
それはテスト
エスニックテイストにビーズピアス
ブルー系にクールなシルバー
ゆるかわメイクにパステルトーンのビジュー

20

ネックレスは毎日身につけたいものにする

持つといいネックレスはふたつです。

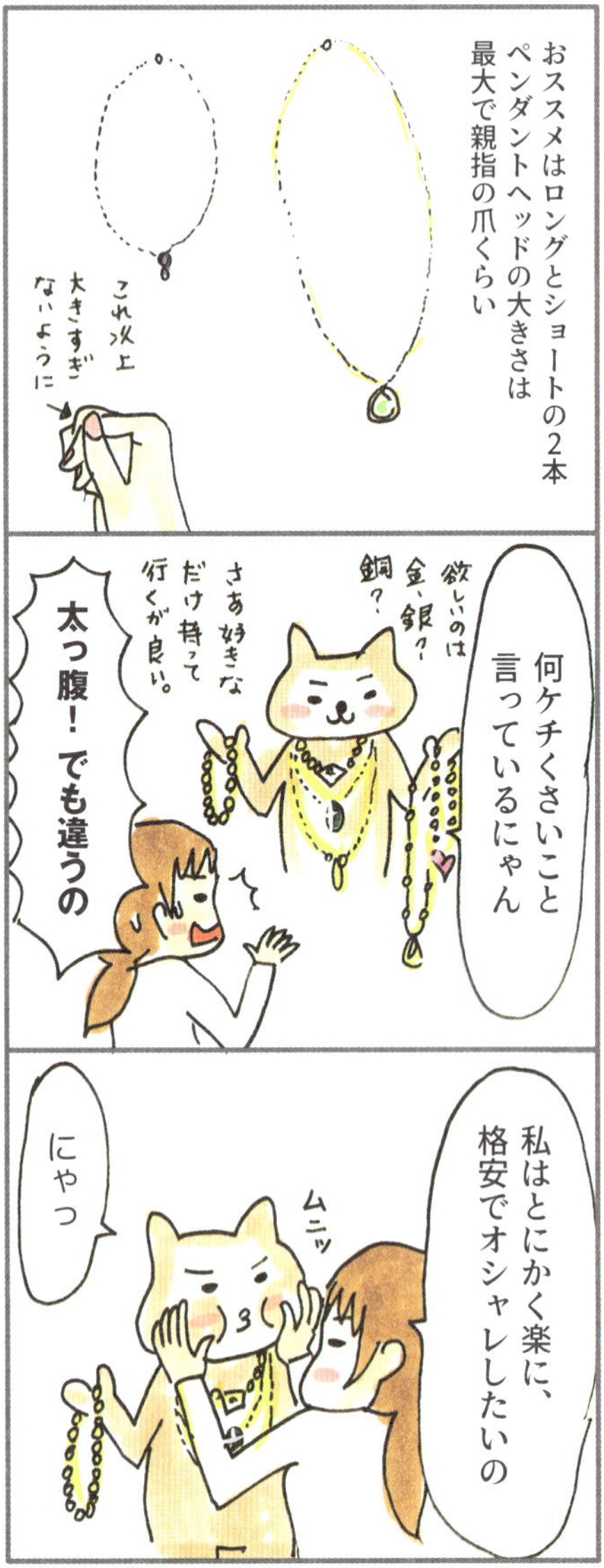

おススメはロングとショートの2本
ペンダントヘッドの大きさは最大で親指の爪くらい
これ以上大きすぎないように
何ケチくさいこと言っているにゃん
欲しいのは金、銀？銅？
さあ好きなだけ持って行くが良い。
太っ腹！でも違うの
私はとにかく楽に、格安でオシャレしたいの
ムニッ
にゃっ

ネックレスも、ピアスと同じように光を反射し、肌にツヤを与えます。

みにゃ子考えて！もしたくさん持っていたら
まだ髪もセットできていない…。
7:00
えーと、打ち合わせだからゴールド、星モチーフだと子どもっぽい？じゃあ花。花？
ヘッドが大きいと
御社の業績からすると…
星デカイなー
ネックレスが目立ち過ぎにゃん
猫派なの？
キッパリ
犬派です
その点、ヘッドなんて気にせず長いか短いかだけだと、朝一瞬で選べる
Vネックだから短い方
タートルだから長い方
パーフェクトォ

小さいネックレスでも絶対に輝き、さりげなくツヤをくれるので、ぜひ美肌のためにどうぞ。

とにかく、小さいネックレスは、何にでも合うので、服を選ばず朝時間がかからないのが良い点。なのに、おしゃれ度はものすごくあがるのです。

ネックレスは本当に気に入った物を2本で十分。

AHKAHのネックレス、
高いけどずっと使うから買おう
母がお土産でくれたネックレス、
何の石かもわからないけれどなんか好き

値段ではなく、
毎日つけたいと思えることが大切

みにゃ子もこのネックレス
毎日つけたら？
ウフフフ
いやそれ首輪にゃん

もちろん選ぶのが苦にならない人や、パーティーやイベントなどのときは、派手だったり大きかったり、デザイン性のあるネックレスをどんどんつけましょう。

ドレスやワンピースはシンプルにして
アクセサリーを華やかにすると
品が良くみえます。
ビジューのたくさんついたネックレスは、
普段使いは難しいので
レンタルかファストファッションで
賢く利用してもいいと思います。

ネックレス　ピアス　BANANA REPUBLIC
バッグ　STYLE BLOCK

COLUMN
#001

裾上げはムリしてでもその場でする

週末のユニクロにて
FITTING ROOM
デニム安くなってるから、試着室も混んでる
裾上げ、どれくらいかかりますか?
今なら1時間くらいです
1時間待つと大変だし裾上げは後日またやりに来よう
いい買物したわ〜
何買ったにゃん?見せてくれにゃん
ガサゴソ
安くなってたデニムを買ったよ

「裾上げは後日またやりに来よう」と思ったときの後日はきっと来ないので、ボトムスを買ったら、その場で裾上げまでが一連の流れだと思いましょう。

21

花柄を着るときは、「小花」は選ばない

ワンピースのインナーには
襟ぐり広めのTシャツを！
花柄は肌を見せてもヘルシー。
デニムにスニーカーだけのコーデも、
透け感のある花柄ワンピをはおるだけで
一気にフェミニンになります。

2WAY リブT（5分袖）
ハイライズシガレットジーンズ　以上 UNIQLO
スリッポン　CONVERSE
バッグ　L.L.Bean

花柄は、着るだけで華やかさが出るアイテム。
流行も関係ありません。

花柄かわいいにゃん
ブルー系なら私も着られそう
病人？
誰がパジャマで出かけるか！
小花柄は甘くなりすぎるにゃん
大人女性は甘さを抑えなきゃいけないのね
でも
めんどくさいなー花柄着るメリットってある？
続きは次ページへ
あるにゃん

ただ、小さい花柄にしてしまうとかわいらしさが出るので、**中サイズから大きい柄にすると、フェミニンになりすぎず素敵になります。**

花柄は男性にはないアイテムだから、着るだけで華やかになるにゃん
スターぐらい?~
たしかに男性で着てる人はあまりいないね
柄の中でもチェックやドットに比べてキレイ目な印象になるにゃん
パーティーシーンにも合う
いつものコーデに花柄が一点入るだけで脱地味にゃん
洋服で取り入れなくても小物でも素敵にゃんよ

そして、長めの丈を選びましょう。
色や柄は好きなもので大丈夫です。

ペンシル
プリーツ
マキシ
花柄のスカートは超インパクトがあるから、トップスはシンプルなものを選んでね。

夏は、花柄の服にカゴバッグを合わせるとすごくオシャレ！

スカートは大柄、長め丈を選ぼう！
色や柄は好きな物を。
OK
花柄のスカートは超インパクトが
あるから、トップスはシンプルに
ベーシックカラーを選んでね。

リネンブレンドブラウス　UNIQLO
スカート　&.NOSTALGIA
サンダル　outletshoes
バッグ　HAYNI

スカート　DHOLIC
スリッポン　CONVERSE
バッグ　ZARA

冬は、色が暗くなりがちなので花柄を持つとそれだけで華やかになります。

スカートはウールやフェルト、ジャガードなど厚手生地にすると見た目から暖かくなって素敵です。
ミディ丈のスカートには、ショートアウターかロングアウターを合わせるとスタイルが良く見えます。

ネオレザーノーカラージャケット
カシミヤクルーネックセーター　以上 UNIQLO
スカート　&.NOSTALGIA
ブーツ　SESTO

コート　Haco!
スカート　&.NOSTALGIA
パンプス　SESTO

次は、花柄ワンピースを着まわしてみましょう。

ズバリ
コツはズバリ、ワンピの見える分量を減らすことにゃん!!
ワンピース単体で着ると小物をいくら変えても、イメージは変わりません

カーディガンやスウェットを上から着て、スカートのように着ましょう。

スウェット合わせは
メンズっぽく、ちょっと
クールになります。
ざっくり編みのカーデとムートンブーツで
ホッコリ優しい雰囲気になります。

スウェット　BASEMENT　ONLINE
スニーカー　CONVERSE
バッグ　ZAKKA-BOX

カーディガン　DHOLIC
ブーツ　UGG

22

細いパンツは短めにする

ライトパープルのコートは
白いコートくらい何にでも
合い万能!!
くるぶし丈のパンツと靴下と
バレエシューズのセットは
なんでもないコーデも
オシャレ々にします。

コート　SONO
モックネックセーター
ベルト
ハイライズシガレットジーンズ
以上 UNIQLO
バレエシューズ　AmiAmi

細身のパンツは、短めを意識するとグッとあか抜けます。

具体的には、くるぶしが全部見えるくらいの長さにしましょう。

なんで裾上げしないにゃんか!?
デジャブ!?
少したるませて履こうかと
くるぶしを見せると足がスッキリ3㎝長く見えるにゃんよ
キッパリ
即、切りましょう
くるぶしが全部見える長さだとどんな靴を履いてもスッキリ見えるにゃんよ
スニーカーともバッチリ！
どんな靴にも合うんだね

COLUMN

#002

シャツにアイロンを かけずにすむ干し方

コットンシャツは アイロンがけが大変
アイロンかけなきゃ いいにゃん
えーーっ
えーーっ
にゃん
大きい声 出して こっちが驚く にゃん
だってだって
これ見てよ！

みなさん、アイロンがけ大変じゃないですか？
ほんとにみんな、アイロンをかけてるんでしょうか……。
というわけで、私が発明した、アイロンをかけなくてすむワザをお伝えします。

オシャレの教科書には
シャツは全部
アイロンかけなさいって
アイロンがめんどうでシャツを
着なくなるくらいなら
かけないで着た方がいいにゃん
半乾きの状態で
手アイロンすればいいにゃん
はさんで
パンパンと
手アイロン――――！
ボタンを全部しめて
干すにゃん
角がピシッとなっていれば
まぁキチンと見えます
ふだん着には
これくらいゆるくても
いいにゃんよ

23 靴下はグレーか白がいちばんオシャレ

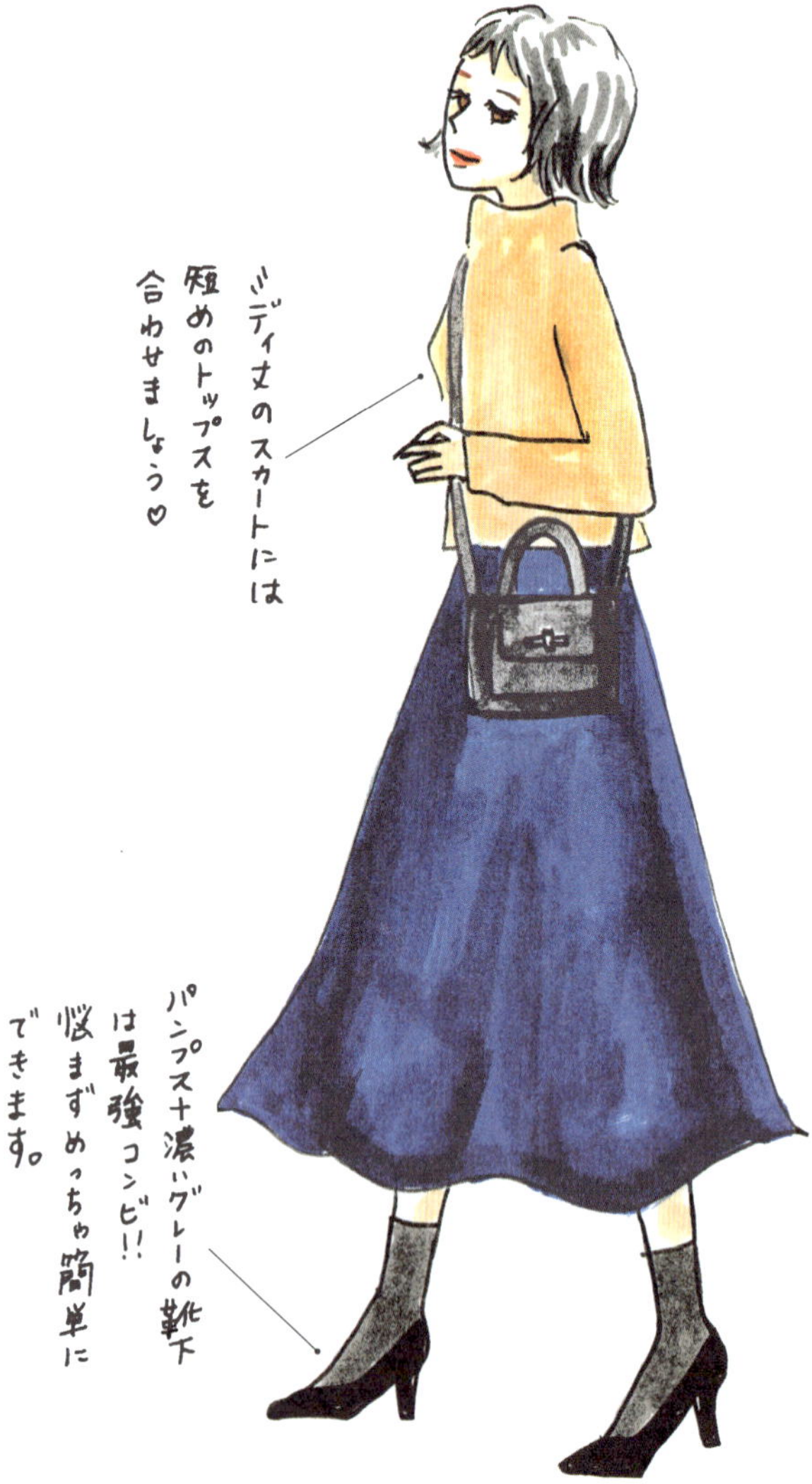
ミディ丈のスカートには
短めのトップスを
合わせましょう♡
パンプス+濃いグレーの靴下
は最強コンビ!!
悩まずめっちゃ簡単に
できます。

セーター　koé
スカート　&.NOSTALGIA
靴下　UNIQLO
パンプス　SESTO

冬に、短い丈のパンツを履いたときに困るのは、足首ですよね。寒いときには肌を出す必要はありません。靴下を履いちゃいましょう。靴下のテクニックは覚えておくと、ラクだし、暖かいです。また、靴下を主役にしたコーデもできるようになって、オシャレの幅が広がります。

でもさー
裾が短いと冬寒いよ〜
ブルブル
靴下やタイツコーデは、ポイントになってかわいいにゃんよ
冬こそ防寒オシャレ♡
えっ靴下履いていいの？
なんで履いちゃダメと思ったにゃんか？
短い裾って肌見せなきゃいけないんだと思い込んでた

次は、靴下の失敗あるあるです。

さっそく履いてみよう
上下赤をポイントにして
あれっ
チェックとボーダーで
なんかくどいね
トップスを着替えて
わ〜全身黒!
モジモジ君か!

このように失敗したくないなら、靴下では柄モノを買うのは後回しにしましょう。
まず買うべき、**絶対失敗しない色味はグレーと白です。**
どんな服に合わせてもオシャレに見せます。

この3色は、朝適当に履いても、どんな服でも必ず合います。
地味だからと買わないのは損。スタメンにしておくと本当に便利です。

春や秋の季節の変わり目の
靴下×サンダルコーデもとてもかわいいです。

シャツワンピースは
襟を後ろに引っ張って抜き、
ボタンを3つ開けると
涼しげでこなれ感がでます。
サンダル×靴下は
かわいい組み合わせ♥
夏は冷房で意外と
冷えるので
防寒も兼ねます。

シャツワンピース　RAZIEL
靴下　UNIQLO
サンダル　outletshoes
バッグ　Caterina Bertini

24 ワイドパンツには短いトップスのみ

ドレープ素材のTブラウスは、
しなやかに揺れ、ツヤがある、
まさに上品に見せてくれる一品。
ワイドパンツをキレイ目に格上げ
してくれます。
ペタンコサンダルは
ストラップが細いものにすると
足が長く見えます。

ドレープTブラウス
ハイウエストワイドパンツ　以上 UNIQLO
サンダル　outletshoes
バッグ　jungle jungle

ワイドパンツに合わせるトップスは、短いものにしましょう。ワイドパンツは下にボリュームが出るので、トップスを短くするとバランスがとれます。もちろん、インするのもいいです。**でも、前だけインやふんわりブラウジングなどは、日常の動作できれいに維持するのは大変なので、それらをしなくていい、短い丈の物を持っておくと、結局いちばんおしゃれです。**

のどか、シャツが片一方出てるにゃん
トイレ行ったとき出ちゃったんだ
前だけインしてふんわり出す
すぐ乱れてるにゃん だらしないにゃん
一歩も動かなければ乱れないんだけど
ムリにゃん！
インする必要のない短めトップスを選ぶにゃんよ
ズボラにぴったりにゃん
短いとお腹が冷えちゃうよ

とにかく、短いトップスは、
それだけでバランスがとれるので便利です。
お腹が半分隠れるくらいの丈にしましょう。

今のボトムスはハイウエストが多いから短めトップスでもお腹は冷えないにゃん
ワイドパンツ
ハイウエストスカート
ハイライズデニム
なるほど…
そこまで言うなら買うよ
フーッ
えらそうにゃん
なんと! 楽ちん
動いても乱れない♡
ロングスカートとも相性ばっちりにゃん

25

紺が入っている柄のスカートを買う

ワッフル生地のトップスは、スウェットの手軽さとニットのきちんと感、両方出せるトップスです。
ロングスカートのときはスリッポンがオススメ。紐がない分、スニーカーより足元がスッキリします。

ワッフルクルーネックT　UNIQLO
スカート　PAGEBOY
スリッポン　CONVERSE
バッグ　L.L.Bean

紺が入っている柄ものは、見かけたら買うことをおすすめします。

なんでそのスカートのときはいつも黒いトップスにゃん
柄スカートって何色が合うかわからなくてつい黒を選んじゃうの
その柄の一色を持って来ればＯＫ！この場合は濃いグリーン、明るいオレンジとか
……
スカートと同じ色って？明るいオレンジって、そもそもオレンジって明るくない？
ドダッ
チーン
そんなに悩む？
じゃあ、紺が入っている柄ものを買えばいいにゃん
ムクッ
紺!?

実は紺が入っている柄ものには、合わない色がありません。

紺が入っている柄アイテムには、白やグレーを合わせると品がよく見えます。

しかも、赤やグリーンや黄色など何でも合うのです。

白だと品よくまとまります。

赤は女性らしさと明るさを足せます。

グリーンは落ち着いた知的な雰囲気になります。

黄色はイキイキ元気なイメージになります。

シャイニーVネッククロップドセーター（Uniqlo U）
スカート　&.NOSTALGIA
ブーツ　SESTO
バッグ　ZAKKA-BOX

26 ボリューム×ボリュームのときは髪を結ぶ

上下ボリュームのあるコーデのときは、バッグはできるだけ小さめを選びましょう。
ロングカーデやノーカラーコートなど、襟のないアウターはスッキリ見えます。
ワイドパンツは甲にかかるくらいの長さにすると、足が長く見えます。

ワイドパンツ　Kobe lettuce
靴　SESTO
バッグ　ZARA

フェルトウールロングコート
ウォッシャブルボーダークルーネックセーター（メンズ）
ベロアワイドパンツ　以上 UNIQLO
バレエシューズ　SESTO
カシミヤストール　macocca

ボリュームがある服同士のコーデは、太って見えるので注意しましょう。
なぜそう見えるかというと、どこにも細い部分が出てないからです。

見てこのコーデかわいい
ダラダラ
ゴロゴロ
どれどれにゃん
たまには上下ゆるふわ
お家リラックスコーデ
いつもと違う
あなたに彼も
ドキッ
モデルさんの真似っこ
してみたよ
デーン
ニャー圧迫感が
すごすぎにゃんっ

首と足首を見せましょう。

ボリューム×ボリュームコーデのときは、洋服以外が大事です。**具体的には、髪と靴。**髪をアップにしたり結んだり、靴を、甲が出るものにして、抜け感を出せばOKです。

ボリューム×ボリュームのコーデは、服からのぞく首や足が華奢に見えると、全体もやせて見えます。

ボリューム×ボリュームのコツはこれです。

・靴は甲の出るものにすると、
スッキリ見える！

・髪は結ぶかＵＰにする

つまり
顔まわりと靴を
すっきりさせるだけにゃんね
なるほどっ

27

前開きのシャツワンピ最強

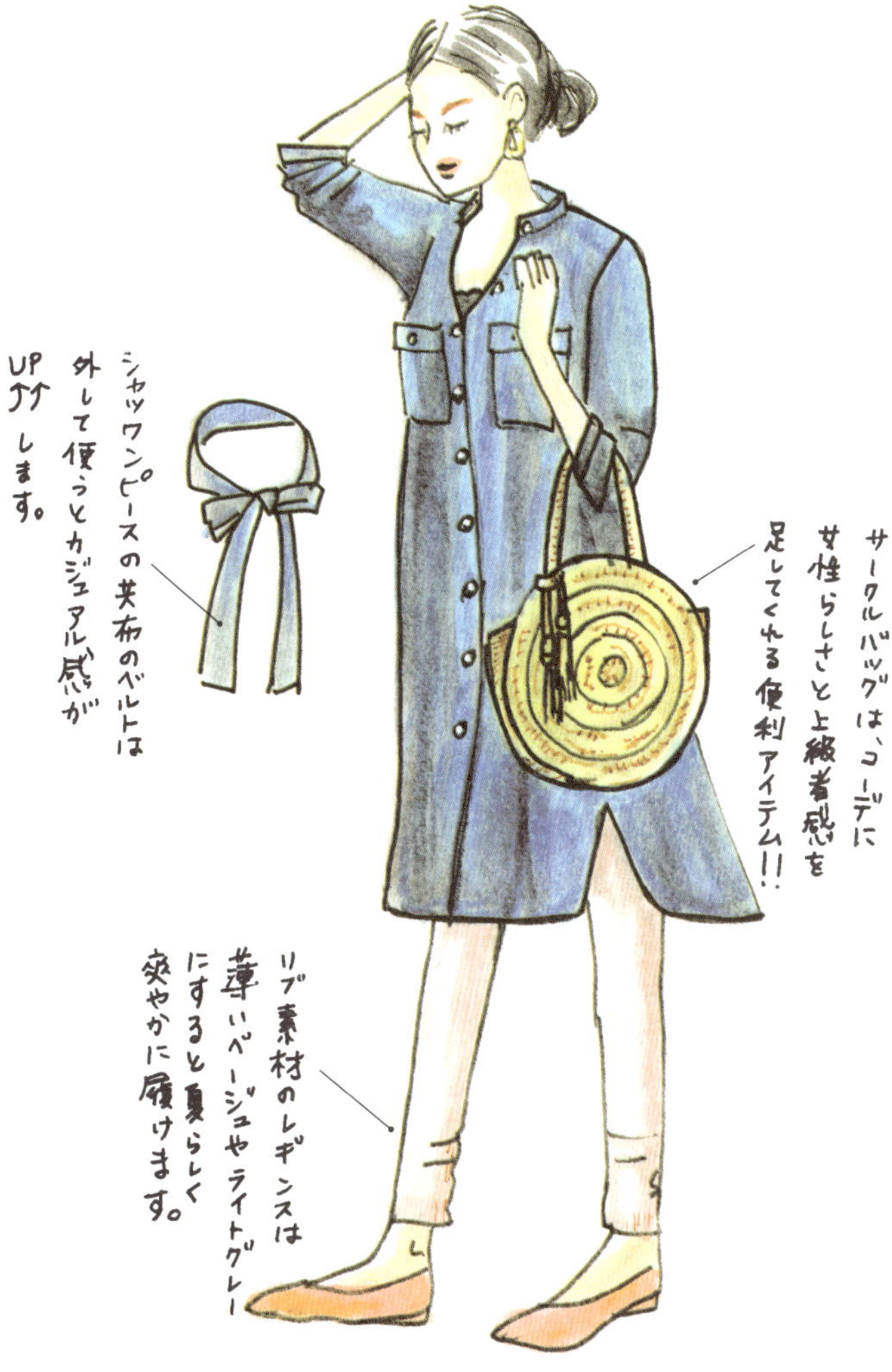
サークルバッグは、コーデに
女性らしさと上級者感を
足してくれる便利アイテム!!
シャツワンピースの共布のベルトは
外して使うとカジュアル感が
UPします。
リブ素材のレギンスは
薄いベージュやライトグレー
にすると夏らしく
爽やかに履けます。

エクストラファインコットンシャツワンピース
(JWANDERSON)
リブレースブラタンクトップ　以上 UNIQLO
バッグ　Khaju
リブレギンス　WOMAN COLLECTION

一枚持っておくと使いまわせるワンピースがあります。
それは、ボタンが上から下までついている前開きのもの。
ぜひ持っておきましょう！

ユニクロでは毎年様々なデザインのワンピースが発売されています
しかし！たいていのワンピースは丈が短い！
163cmの私だと膝が出てしまう
毎回パンツやデニムを重ねて着よう
と思って買うとほぼ着ないです
ワンピースは一枚でサッと着られるのが良いので「○○したら着られるかも」と対策を考えた時点で失敗です
重ね着暑いなー あと靴、何合わせよう もうめんどうくさい……

そこで、ワンピースを選ぶ際に、
・ウエストリボンつき
・全開できるボタンタイプ
・ひざ下丈
が揃ったら迷わず買いです。
これを満たしていたら、柄は何でもかまいません。

ワンピースでリボンベルトつきってなんかかわいすぎない？
ワンピースじゃなく、はおりだと思うにゃん

このワンピースは、着回し力がすごいです。
一枚で着るのに飽きたら、こんな着こなしがあります。

・ベルトを外して一枚でブカっと着る

・ボタンを全部外してはおりとして着る

・ベルトをして細いパンツと重ねる

・もちろん一枚でワンピースとしても最強!!
ベルトをする場合、ベルトループは低い位置についているものが多いので、無視して高い位置でつけましょう。

28

10年前と体重は一緒でも、体型は違う

Nodoka Magazine
デニムと白シャツは
私を知る定番品。
BASIC ITEM
パンプス
Christian Louboutin

みなさん、一生モノ持ってますか？
自分が楽しむためならもちろんいいのですが、
しかし、結論から言うと、ムリして高いお金を出して買うより、
そのときどきで、プチプラを買った方が断然おしゃれです。

このモデルさん、20年履いているんだって
ふーん
デニムと白シャツは 私を知る定番品。
やっぱり定番品は一生着られるね
もぐもぐ
のどかはムリにゃん
モデルさんや女優さんと違って体型は変わるにゃん
カガゞ
ガッテム
やっぱり一生もの難しい――！

見た目も変わるし、洋服で一生ものは幻想にゃん
そうかな…
だって20代の頃と同じ体重だよ
ふーんにゃん
体積は増えているにゃん
もっちゃりプクプクにゃんっ
20代、30代のときに着られた服も、どこかに必ずきつい部分、たるんだ部分が出てきます
つまり……？
つまり！

人は運動しないと、年々筋肉量が減るものなのです。

プチプラで、長くても3年ごとに買い替えるのがいちばんです。

29

差し色は、12色セットの色鉛筆の色にする

トレンチコートにデニムの定番コーデにオススメなのは、黄色バッグ。
コーデが元気にイキイキします。
ネイビーのワントーンコーデに
白いTシャツを入れると、
清潔感と抜け感が出ます。
アンクル丈のパンツには
ハイカットのスニーカーを
合わせよう!!
「オシャレバランス」が
簡単に手に入ります。

トレンチコート
カシミヤVネックセーター
EZY タックアンクルパンツ　以上 UNIQLO
スニーカー　CONVERSE

ベーシックカラー同士を合わせると、変なコーデにはなりません。

失敗がない、安全な組み合わせと言えます。

でも、地味に見えてしまいます。

簡単におしゃれに見せるためには、ベーシックカラー同士でコーデをつくってハデな色のバッグか靴を合わせると覚えておきましょう。

ベーシックカラー同士って 色合わせが楽ちん
私も毛はベーシックカラーにゃん
毎回楽は 毎回無難ってこと
なんか飽きたー
たしかにたまに派手カラーに 染めたくなるにゃん
でもいきなり派手カラーは 不安だから落ち着いた色の バッグを持ってって
そそ
地味！ だめにゃん！ 小物は彩度を高くするにゃん！

もし「最近自分の服が無難だな」と思ったら、
ハデな色のバッグか靴を買ってみましょう。
そして、色は「色鉛筆のような」色です。
赤や黄色、緑や青など好きな色でいいです。

彩度？ サイド？
ソファでお茶飲むとき便利だよね
それサイドテーブルにゃん
彩度は色の鮮やかさの度合いで、混じりっけなしの……っておいッ
ハーーッ
難しい話は聞きたくないよ……
じゃあ、12色の色鉛筆のカラーから選ぶにゃん
ムクッ
12色は多いけど、色鉛筆カラーはイメージできる
おそらくこんな色だろうな。

ワイドパンツやデニムなどのメンズライクなアイテムにハデ色を入れると、
急にあか抜けます。

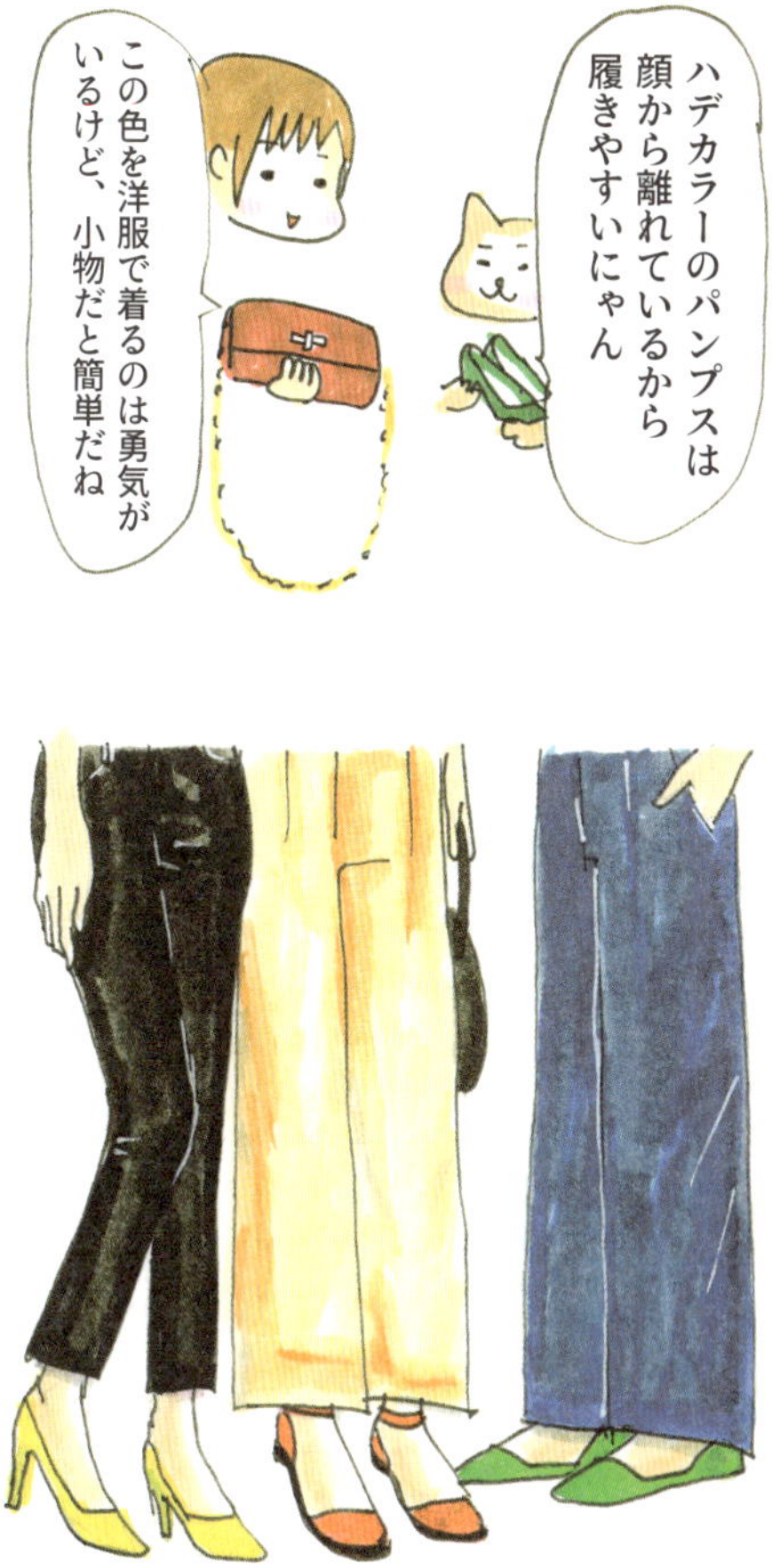
ハデカラーのパンプスは
顔から離れているから
履きやすいにゃん
この色を洋服で着るのは勇気が
いるけど、小物だと簡単だね

もちろん、ストールで取り入れるのもありです。

黒スキニーにグレーのロングカーデのモノトーンコーデも、赤いストールを巻くと若々しくマイナス5歳に見えます。
ストールを巻くときに低めのポニーテールにするとスッキリします!!
すごいにゃんっ
ムートンスリッポンは足首を出しても暖かい♪

ウールリブニットコート
ヒートテックレギンスパンツ　以上 UNIQLO
ストール　macocca
スリッポン　UGG
バッグ　ZAKKA-BOX

COLUMN
#003

ズボラだけどハンガーを揃えたのは褒めたい

ファストファッションの特徴は、商品の数が多いことですよね。

COLUMN #003

お店のスペースが少なくても、たくさんの商品をおけるのはハンガーの種類が同じだからです。

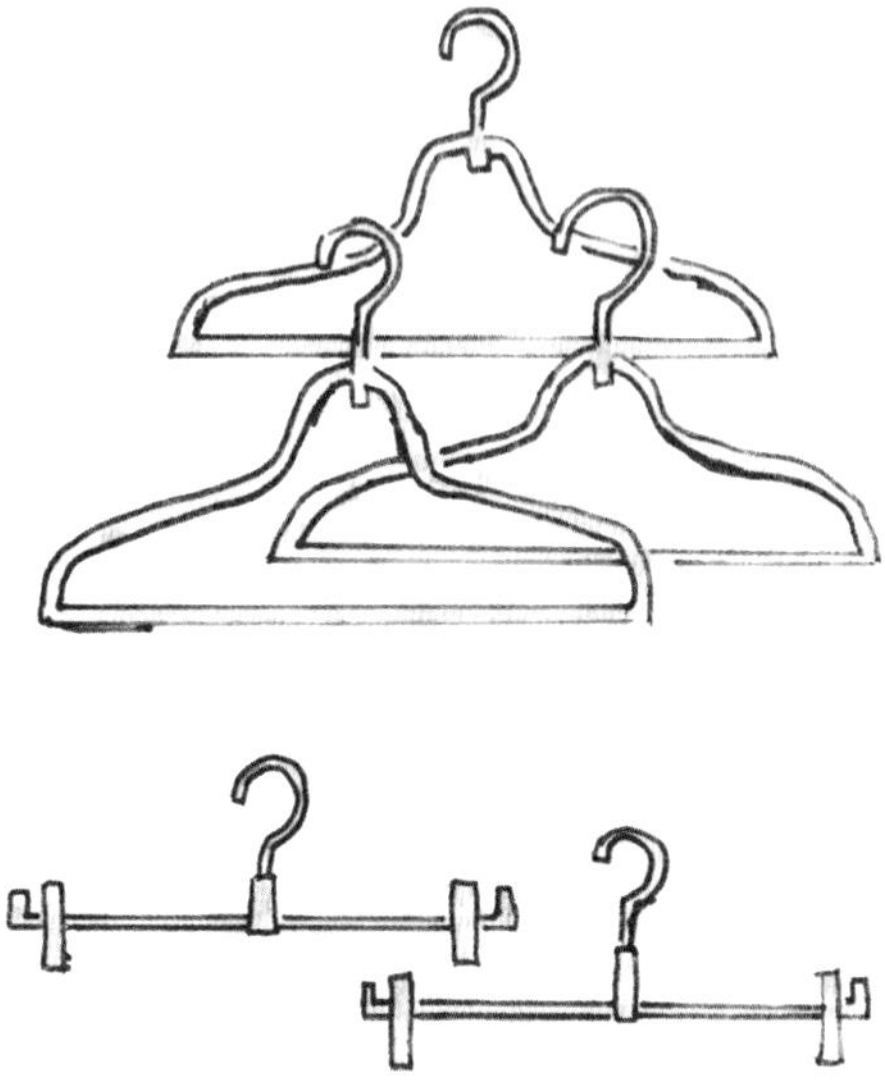

よく、ハンガーを揃えると良いと言われるのは、見た目がいいのはもちろん、同じものだと収納力が格段にアップするからです。

真横から見たときに、
フックや肩の部分が同じ角度だと
無駄なスペースができません。
ですのであまり収納力のない家の場合、
服と同じ数のハンガーを用意すると
収納力が30％ほどアップします。

私はドイツのマワハンガーを使っています。
一本200円前後なので揃えたときには出費しましたが、
10年経っても壊れないし、かなり丈夫です。
100均でももちろんいいですが、
無印良品やマワハンガーなど、廃版になりそうにない
ロングセラーのブランドの方がのちのち買い足しやすいです。

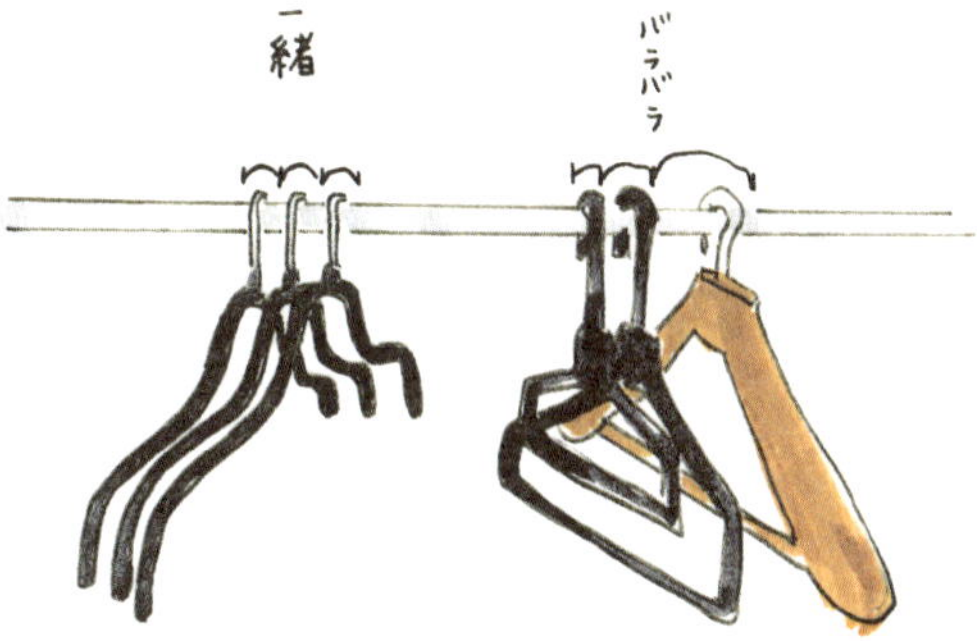

30

マニキュアよりペディキュアをする

夏の夜は、
ユニクロのエアリズムブラトップに
パジャマが快適。
パジャマはレーヨン混なので
シワになりにくく
サラサラの肌ざわりです♡

タビサ・ウェブパジャマ　UNIQLO

夏が始まったら、ぜひペディキュアを塗ってください。**このひと塗りで、夏がおしゃれに過ごせます。**マニキュアは、手入れをしないと目立ちますが、足の爪なら、塗りが雑でもわかりません。足の爪は手よりも伸びにくく、伸びたらカラーを継ぎ足すだけでラクです。

かんぱーい
飲み会にて
はっ私マニキュアはげてるっ
もう爪見せられない
ギュッ
みにゃ子はマニキュアしてない…女子力高いのに
ちょっとトイレにゃん
って赤いペディキュア！セクシー!!

普段あまり人目に触れない足の指に色があると華やぎます。
もちろんセルフネイルで十分です。
色のおすすめは、赤かラメの金か銀。この３色です。
赤は女性の足を健康的にセクシーに魅せます。

手の爪は人目に
つきやすいですが

足の爪は目線から遠いので
多少塗りが雑でもＯＫ！

ラメは、塗りムラやはがれが目立たないので、
扱いやすさでおすすめです。
金はゴージャスに、銀はクールに見えます。

ペディキュアの方が
・長持ち
・多少雑でも目立ちにくく
・セルフネイルで十分
と手が（足が）出しやすいにゃん
手は大変
ごもっとも

トップコートを塗れば2週間もちます。
足の爪はついそのままにしがちですが、
赤く塗ってあるだけですごくオシャレに見えますのでぜひ試してみてください。

色は赤、もしくはゴールドかシルバーのラメの単色塗りで良し！

寒色系だとつま先の血行が悪く見える

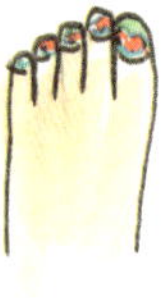

ネイルアートはしても細かいと手ほど目立たない

肌見せは黒でまとめるとヘルシーです。
トングタイプのサンダルは、足元がスッキリ華奢見えします。革タイプを選ぶと大人っぽい。

ワンピース　BEAUTY & YOUTH UNITED ARROWS
バッグ　ZARA

31

ストッキングは便利なんです

グレンチェックは落ち着いた柄なので
明るい茶色やベージュ合わせで
温かみを足すと垢抜けます。

ソフトコットンシャツ
EZY アンクルパンツ　以上 UNIQLO
パンプス　SESTO
バッグ　jungle jungle

ナマ足、疲れますよね。
かといってカバーソックスは、ずれませんか？
ストッキングは、足がすれず、肌をきれいに見せてくれる万能アイテムです。
使いこなすのは簡単なので、ワザを知っておきましょう。

今日はナマ足パンプスだよ
ウフフ
……
3時間後
シクシク
ナマ足、寒い……靴ズレが痛い……
ナマ足はやめてカバーソックス買うよ
じゃなきゃ今日は一歩も動けないよ
カバーソックス難しい
見えない浅ばきタイプは脱げてきて
脱げないタイプは見えている

抜け感やこなれ感といった、おしゃれ上級者に見える雰囲気は、別にナマ足ではなくてもストッキングで十分出せます。

なんでナマ足にしたいにゃん
なんとなく、オシャレな友達や海外ドラマの影響で
ナマ足のメリットって何にゃん？
足元が軽く見えて、抜け感とこなれ感が出せること？
抜け感、こなれ感はストッキングで出すにゃん
ストッキング？
スウェーデンの首都？
それはストックホルムにゃん
たいして上手くないのにとりあえずボケないっ
ストッキングって伝線しやすくてもったいないよね
さあ、どちらか選びなさい。
お金を取るか、靴ズレ、冷えを取るかにゃん

歳を重ねると、ストッキングを履いた方が、肌が均一でなめらかに見えるので、ナマ足よりもきれいに見えます。

次は選び方です。
ストッキングは、
買うときがすべてです。

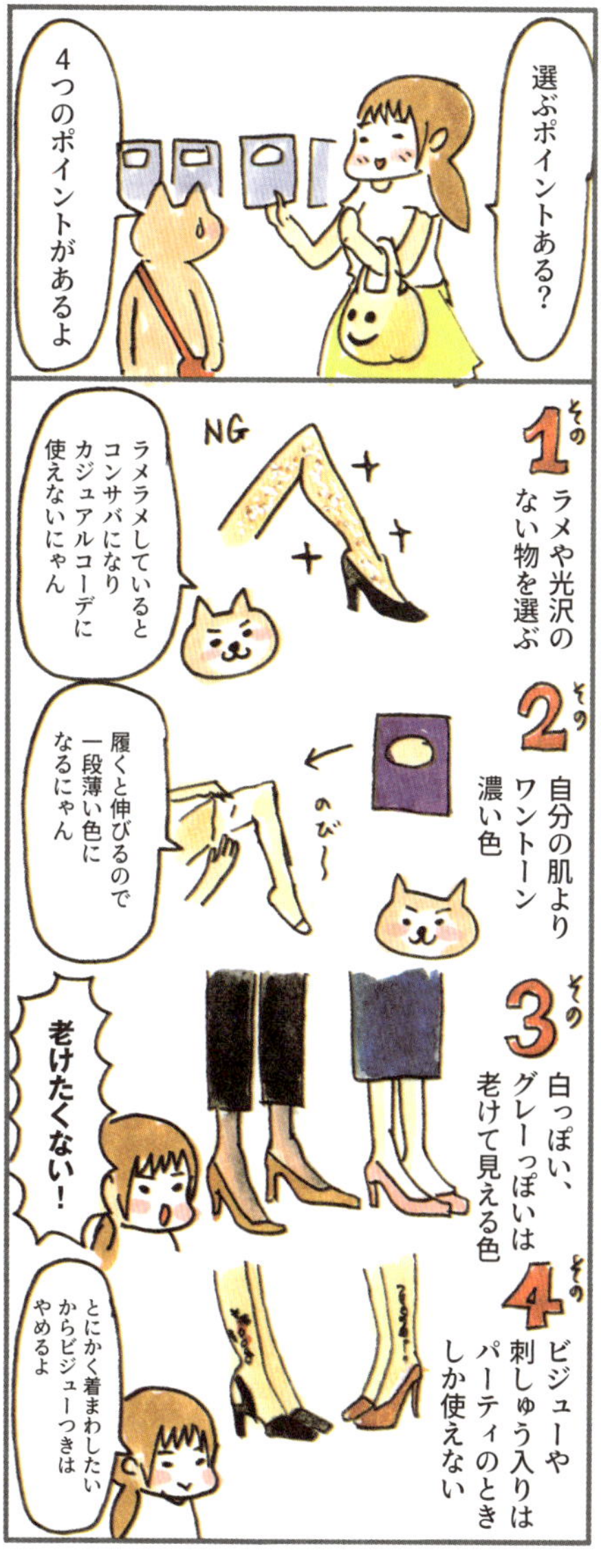
選ぶポイントある?
4つのポイントがあるよ
その1
ラメや光沢のない物を選ぶ
NG
ラメラメしているとコンサバになりカジュアルコーデに使えないにゃん
その2
自分の肌よりワントーン濃い色
のび〜
履くと伸びるので一段薄い色になるにゃん
その3
白っぽい、グレーっぽいは老けて見える色
老けたくない!
その4
ビジューや刺しゅう入りはパーティのときしか使えない
とにかく着まわしたいからビジューつきはやめるよ

色味はグレージュではなく、ブラウン（オークルやベージュより少し赤みがかった色） を選びましょう。血行がよく見えます。

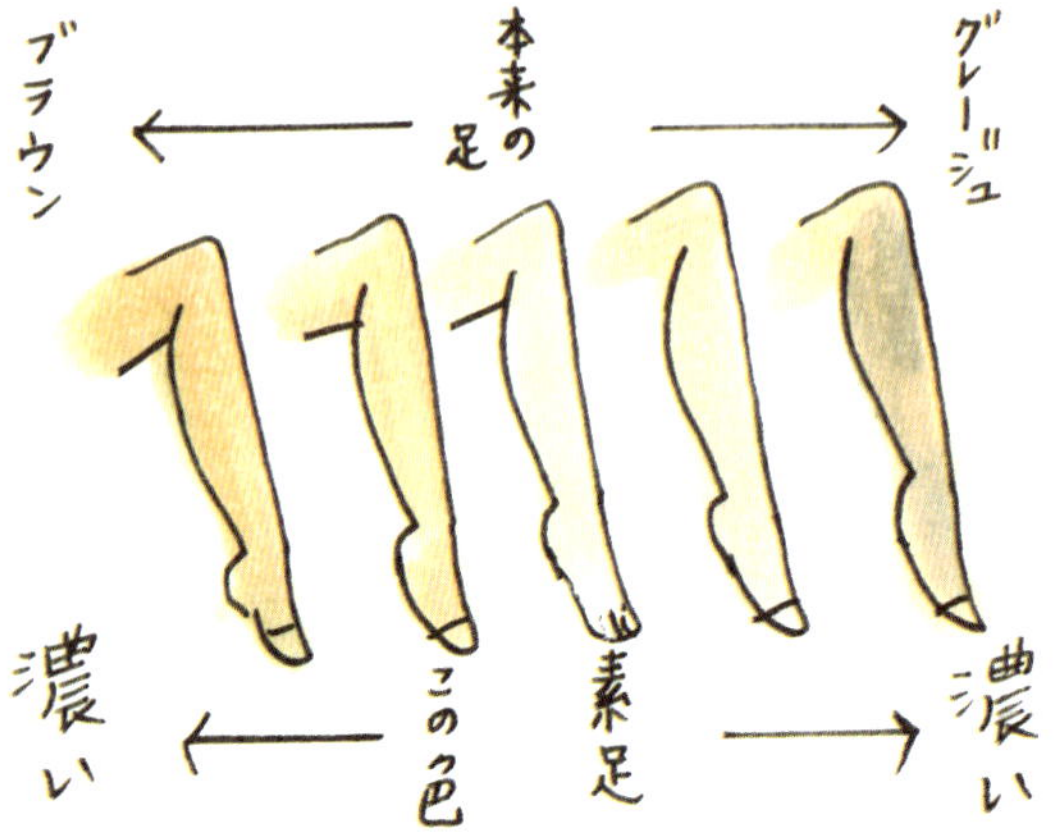
グレージュ
本来の足
ブラウン
濃い
素足
この色
濃い

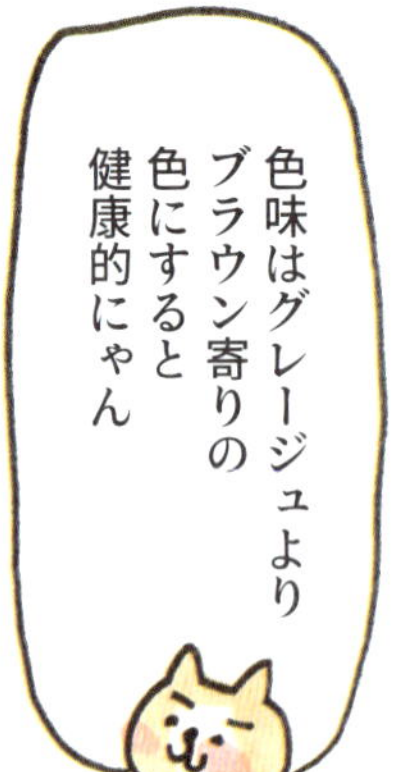
色味はグレージュより
ブラウン寄りの
色にすると
健康的にゃん

ひざ下ストッキングは、パンツを履くときに便利です。

パンツのときは
ひざ下ストッキングにしよう
ボトムスに合わせて選べて
便利にゃん
デニールの低い
ストッキング（30デニールとか）は
どうしても伝線しやすいので
替えを必ず持ち歩きましょう
ちょっと！
伝線してるわよ
と、履き替えるまで親切な人に言われ続けます

32 大人女性のTシャツは、無地・レタード・ボーダー

ブランドロゴのTシャツは着るだけでオシャレ!!
夏の黒は透け感のある素材にすること。涼しげに見えてそれだけでオシャレ上級生!!
レースも涼しげ
agnès b.

スカート　DHOLIC
Tシャツ　agnés b.
サンダル　BIRKENSTOCK
バッグ　ZAKKA-BOX

Tシャツは、選び方を間違えると年齢が出やすいです。
かといって、着ないで夏を乗り越えることはできません。
また、夏以外にもセーターやジャケットの下に着たりと、ほぼ一年中着られます。
着こなせたらオシャレですので、ぜひコツを知りましょう！

夏は暑い！
Tシャツを着たい！
Tシャツ短パンが一番!!
短パンはちょっとね
大人女性にそのTシャツはカジュアルすぎにゃん
でも似合わない！
ちぇっ
ちょっちょっTシャツ全部だめじゃないにゃん
もうかりゆしウェア着てたよ
えっ
この3つは大丈夫にゃん

Tシャツで持っておくのはこの3つです。

無地
ジャケットの
インナーにもなります。

くすみカラー
リブ
厚手
NG
Tシャツは
どカジュアル
アイテム
だから派手色は
やめるにゃん。
落ち着いた色に
するとキレイ目
にも合うにゃん

レタード（文字入り）

細い筆記体を選べばカッコいい！

ブランドロゴはかっこよく見えるので、見つけたら買ってしまおう！

ボーダー

使いやすさがすごい。
どんなボトムスにも合います。

細いラインのものにすると大人っぽく着られるにゃん
これでTシャツをおしゃれに着られる！
ホッ
Cat
暑い夏を乗り切るにゃん

これらは、すべて厚手でサイズがゆったりしているものを選ぶと、大人のオシャレ感が出ます。

若いときはぴったりめの
Tシャツもいいですが
大人女性のTシャツは少し
ゆったりめで厚手がいいです
体型があらわに
ならず安心。
リブだとスッキリ見え、
キレイ目にも使えます
涼しいのに
キチンと見える♥

無地

Tシャツ着回しのパターンはこちらです。

トップスがニュアンスカラーの場合は
ピアスやイヤリングをつけると
顔周りが明るくなります。
ユニクロの名品、
UNIQLO Uのクルーネック Tシャツ!!
厚手素材で高見えし、
たくさんのカラー展開があります。
ジャケットのインナーにも
オススメです。

クルーネックＴシャツ（Uniqlo U）
ハイウエストワイドパンツ　以上 UNIQLO
サンダル　outletshoes
バッグ　Caterina Bertini

ボーダー

紺のボーダーは
人とかぶってしまう率が高いので
黒ボーダーがオススメ!!
デコルテが開きめ、リブ素材など、
女性らしいポイントがあると
スカートにも合います♥

ボーダーＴシャツ　agnés b.
トラックスカート
ポインテッドフラットシューズ　以上 UNIQLO

33

夏はどこかに白を入れる

夏のまとめ髪は涼しくてオシャレに見えて一石二鳥。
白いカゴバッグと白いスニーカー。どちらも夏に大活躍!! 合わせて持てば爽やかさUP↑↑

Vネック T シャツ　coen
ハイウエストチノワイドパンツ　UNIQLO
レースタンクトップ　GLOBAL WORK
スニーカー　CONVERSE
バッグ　Caterina Bertini

暑い夏をオシャレにすごす方法はとても簡単。
どこかに白を入れるだけです。

暑くてコーデを考えるのもめんどう
アクセサリーも暑いからつけないよ。
汗が目立たない黒Tシャツにしよう……
UVカットの黒カーディガンにサングラス
白はレフ板効果で焼けちゃう
もう！ 暑苦しいにゃんっ
人に爽やかに見られるのも大切にゃんよ！ どこかに白を入れてくれにゃん
アースカラーだよ。ダメ？
えっ？

白が一点入るだけで、急に爽やかで涼し気になります。
ピアスやブレスレットのような、小さなアクセサリーでも威力は十分。
白を一点入れれば、あとは思うままに、快適な格好をしてください！

買っておくといい白のアイテムはこちらです。

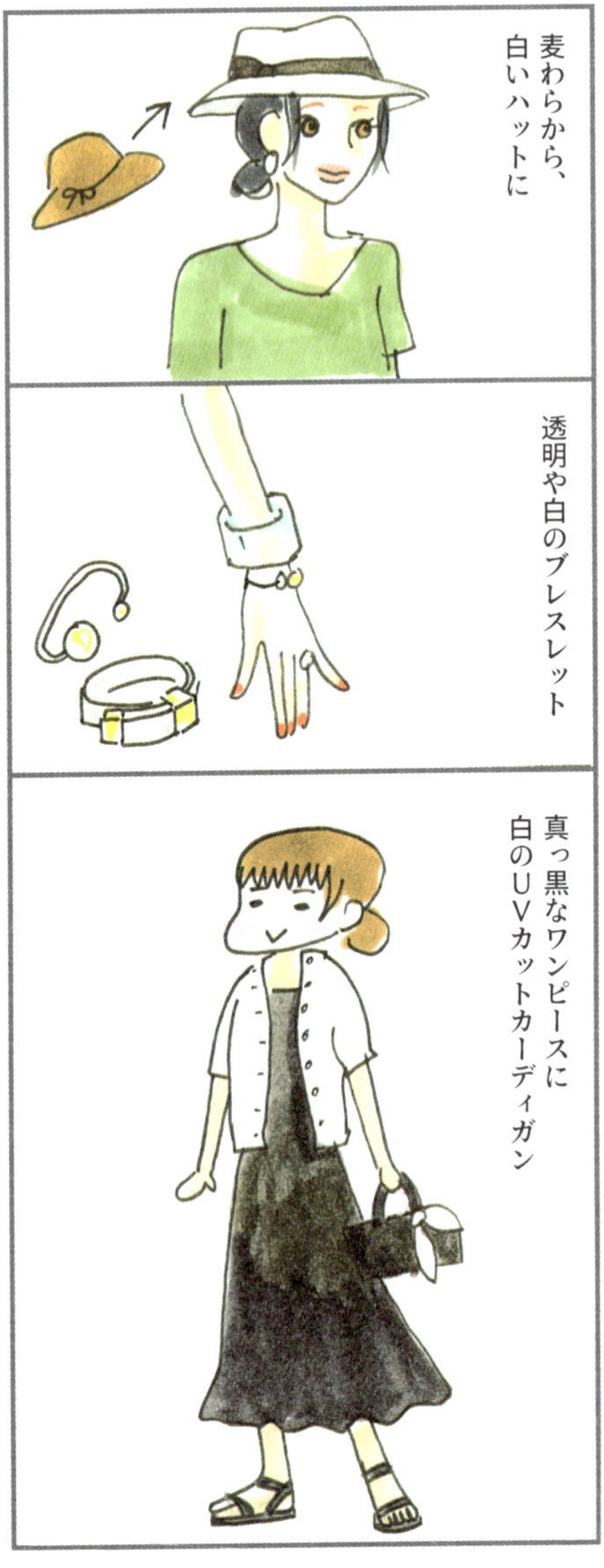
麦わらから、
白いハットに
透明や白のブレスレット
真っ黒なワンピースに
白のUVカットカーディガン

他にもまだまだありますよ！

バンダナ

サンダル

クラッチバッグ

バッグいろいろ

MAISON
KITSUNÉ
PARIS FRANCE

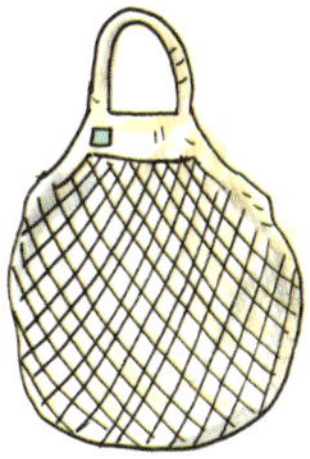

ベルト

ワイドパンツに白スニーカー
クリアガラスやシェルのピアス
白のタンクトップチラ見せ
オフィスでの白のアンクルパンツは爽やかさ最強！

リネンシャツ
白いみにゃ子
毛の色変えられるの?
スカート
ボディスーツにゃん
まぎらわしいっ

34

夏のロングカーディガンは一石三鳥

UVカット機能のある
ノースリーブセーターにカーディガンで
オシャレに日焼け防止
バンブーハンドルの革のバッグは
本当に使えます。上品な大人のオシャレ感
を出すアイテムなので、見つけたらラッキー。
オールホワイトコーデのときは
トップスとボトムスの素材を
変えましょう。立体感が出ます。

UVカットドルマンスリーブロングカーディガン
UVカットリブノースリーブセーター
ドレープワイドアンクルパンツ　以上 UNIQLO
サンダル　SESTO

春の終わりから秋口まで、肌寒いときにおすすめするのが
ロングカーディガンです。
ロングカーディガンは、すべての女性が持っておいて損はないアイテムです。

気になる部分をすべて隠せる
どこを隠したいにゃんか
二の腕とふとももとおしり
多いなっ
単調になりがちな夏コーデにアクセントをつける
HAPPY DAYS
いつもトップス+ボトムスのワンツーコーデ
なんか新しい!!
カジュアルアイテムをキレイ目にできる
デニムにボーダーだと学校にはカジュアルすぎるからはおるっ!!
はおるだけで印象を変えられるにゃん

特に編み目の細かいカーディガンは、
キレイ目の雰囲気を出し、何でも品よくオシャレにまとめてくれる万能カーデです。

ロングカーデが薄い色
のときは、ワンピを黒にすると
引き締まります。
ロングパンツのときは印象が少し重くなるので、
Vネックや華奢サンダルでいつもより肌を見せましょう。

リネンブレンドカーディガン　UNIQLO
ワンピース　GU
サンダル　SESTO
バッグ　Green Parks

リネンブレンドカーディガン　UNIQLO
サンダル　outletshoes
バッグ　ZAKKA-BOX

35

冬のアウターは、迷わずネイビー

ダウンコート、オシャレに着るのが難しいアイテムナンバーワンです。
でも、コツをつかめば簡単。

ファー付を持っていると
小物がなくても
顔まわりが華やかになります。
冬の白はオフホワイトを選ぶと
品が良く見えます。
ブーツインは
足元をスッキリと
長く見せる効果
バツグン!!

カシミヤVネックセーター
ヒートテックレギンスパンツ　以上 UNIQLO
ブーツ　SESTO
バッグ　ZAKKA-BOX

そのコツとは、「黒を買わないこと！」。これだけです。

う〜寒い寒い
ひーっ熊？
私だよ。冬はダウンコートが手放せないね
黒は圧迫感があって熊みたいにゃん……
ブルブル
黒は着やせするし汚れが目立たないし
ネイビーも着やせするし、汚れも目立たず、黒より圧迫感がなく品があるにゃん

ダウンコートを買うなら、ネイビーが最強です。**黒はどうしても重い色なので、歳を重ねると負けてしまうのです……。**他のコートも、黒を買いそうになったらネイビーを選んでください。明るさのあるネイビーだと、ダウンでもキレイ目コーデに合わせやすいです。

ダウンコートの選び方にはポイントがあります。
それは、「カジュアルに見えにくいデザイン」を選ぶことです。

ダウンコートをキレイ目に着こなすポイント
モフモフファーは濃い色を
ダウンの幅は細い方が良い！
ウエストシェイプかベルト付きを選ぶ

これらのポイントがないとカジュアル要素が強まります。

この逆をしてしまうと、いわゆるズドンとした、ダメなダウンコートスタイルになります。

ファーの色が薄い
ダウンの段が大きい
ウエストシェイプがない
3つのポイントの逆をしてしまうと、失敗するにゃん

ショート丈ダウンは、はおるとキレイ目に見えます。

サッと羽織れるショートコートは、ベルトつきにするとスッキリ見えます。
ニットとスカートのセットアップは女性らしくセクシー♡♡
スタッズつきの靴は、黒でも足元が重くなりません。

ラム V ネックセーター
メリノブレンドリブスカート
以上 UNIQLO
靴　ZARA
バッグ　ZAKKA-BOX

36 ウールコートはベージュかグレー

ノーカラーコートは
ストールやタートルなどの
首元のオシャレが楽しめます。
ベルトをしない時は
ポッケに入れて。
冬は靴とタイツの色を
変えるとオシャレです。

コート　組曲
セーター　BENETTON
靴　SESTO
バッグ　I NEED MORE SHOES

コートでもう一着持つべきは明るい色のウールコートです。
これ一枚で、ダウンで行けないキレイ目の場所はカバーできます。
色は、ベージュかライトグレーがよいです。

みにゃ子の言う通りネイビーのダウンとコート買った
参考にしてもらえて良かったにゃん
今日は女子会だからウールコートで行くね
おみやげよろしくにゃん
ただいま～いつ会ってもネイビーだねって言われた
コートは面積が大きいから、同じような色だと印象が同じにゃん
コートがベージュやグレーだと汚れ目立たないかな？
大人女性はそこまで汚さないにゃん
どんだけ汚れることにおびえてるにゃん

ベージュやグレーはベーシックカラーなので
どんな色にも合いますし、冬に明るい色はそれだけでオシャレです。

インナーが黒でも重くならずに
着られます。

チェック小物との
相性抜群!!
お試しください。

37 マフラーやファーは明るい色を買う

冬になるとまっくろくろすけが増えるにゃん
どういうこと？
黒いアウター
黒のショートブーツ
ブーツに合わせた黒バッグ
でも洋服は明るくしたの
でもコートを着たら中見えないにゃん！
まっくろくろすけが増えるわけだ！

黒いコートを持っていても、首元さえ明るければ大丈夫です。**マフラーやストール、ファーに明るめの色を選びましょう。**顔まわりが明るくなれば、全体の印象が明るくなります。

全身真っ黒な人が多くなる冬
とりあえずコート買い換えてくれにゃん
ギュー
ギュー
いやよっこのコート、3万円もしたのよ
コートとかバッグは高いんだからそうそう買い換えられないよ
プニュン
みんな、無意識に黒選びすぎにゃん
みにゃ子は冬でも明るいね
モミモミ
毛がベージュだからにゃん
ってそれだー

巻くだけで明るさアップ!!

アウターが濃い色の時は
ストールは必ず巻くこと!!
ボリュームストールは
小顔効果アリ☆☆
長い髪の人は
ストールと一緒に巻くと
オシャレ
ストールに巻き込まずに
髪を下ろすと、
広がって頭が大きく見えます。
デーン

38 ヒートテックは黒を買わない

ユニクロの「スーピマコットンストレッチシャツ」はシワにならないので一枚あると便利!!
ピッタリしたシャツのときはピンク色のヒートテックキャミにすると透けません。
巻きスカート風デザインだと、気になるお腹周りをカバーしてくれます。
細かいチェックはキレイ目にも使えるし主役感も出てコーデが決まりやすい!!

スーピマコットンストレッチシャツ
チェックナロースカート　以上 UNIQLO
パンプス　SESTO

ヒートテック、服から見えますよね。
見えないように着られる人って、どうやっているのか私には見当もつきません。
ここでは、見えても大丈夫なヒートテックの着方、知りましょう！

ヒートテック、見えてるにゃん
おっとありがとう
今日もヒートテック見えてるにゃん
これくらい見逃してくれよ～
黒だから目立つんだよ。黒以外のヒートテック着ればいいにゃん
黒いトップスに合わせるからヒートテックも黒って思ってた！
みにゃ子は冬でも寒くないの？
毛に空気を溜めて温めるミャートテックにゃん

ヒートテック、売れ筋はなんといっても黒です。
でも、黒だとチラッと見えたときの存在感がすごいです！
とにかく、インナーは薄いグレーを買いましょう。
グレーなら見えたとしても、下着感がありません。

そもそも黒いトップス どれくらいあるにゃん？
ボトムスが暗めが多いから 黒いトップス ほとんど持ってなかった！
トップスの色の分、ヒートテックも 色とりどりに揃えれば？
ムリムリ
そんなたくさん買えないよ！
これだけあればいいって ヒートテック教えて
でたっ 結論だけ欲しがる女にゃん
色はグレーと 薄いピンクがいいよ
ピンク……？

さらに、グレー以外に買うなら、ピンクにしましょう。

他にも、シーン別ヒートテックのおすすめもあります。

半袖のとき

半袖セーター
ヒートテック
UネックT（半袖）
半袖は春先まで活躍します

デコルテがあいているとき

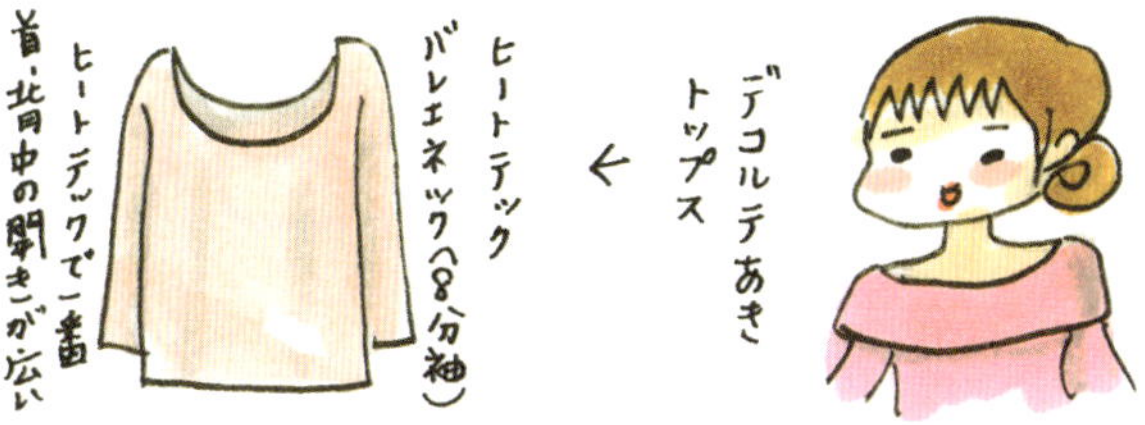
デコルテあきトップス
ヒートテック
バレエネック（8分袖）
ヒートテックで一番
首・背中の開きが広い

寒い中外にいるとき

行け〜っ
スポーツ観戦
ヒートテックウルトラ
ウォームクルーネックT
（長袖）
ヒートテックの2.25倍暖かい

パーティーやイベントなどで、
服に薄着オシャレをしなければいけないときの方法です。

ヒートテック
ブラタンクトップ
ヒートテック
Uネック T(半袖)
ヒートテック
ショートパンツ
お腹と背中に貼るカイロ
爪先用カイロ
と見えない部分を温めます。

ヒートテックのブラタンクトップにヒートテックを重ね着すると、
半袖なのにかなり暖かいです。
さらにカイロでお腹を温めれば、オシャレをしつつ防寒できます。

春とはいえ、まだヒートテックが手放せない……
ブルブル
あれ、みにゃ子はもうヒートテック着ないの？
GWまでコタツを出してる寒がりなのに
ヒートテックの上にキャミ重ね着にゃん
まさかのヒートテックONキャミ!!
こりゃ春のオシャレも楽しめていいね
そうにゃんよ

また、トップスに薄いものを着たいときは、ヒートテックの上からキャミソールを重ねましょう。キャミはレースつきを選んでください。レースがついているキャミは下着感がないので、持っておくととても便利です。

39

冬のスカートに必要なのは、気合いではなくヒートテックの重ね履き

ライダースは、合皮のものでも風を通さず暖かいです。
ふんわりスカートにショートアウターを合わせると、女性らしいシルエットになります。
大人でも可愛いモフモフバッグを持てるのが冬のいいところ♡

ネオレザーライダースジャケット　UNIQLO
ストール　macocca
ブーツ　SESTO
バッグ　Devilish Tokyo

真冬でもスカート、履きたいですよね。
そんな日は、中にヒートテックの重ね履きをおすすめします。
ヒートテックタイツとショートパンツのW使いだと、かなりお腹が温まります。

だめー
待ってくれにゃーん
ドドドド
女性はお腹を冷やしちゃダメにゃん
ちょっと！
これつけてくれにゃん
ヒートテックタイツと
ヒートテックショートパンツ。
薄いのね
スカートに響かず温かいにゃん
ヒートテックのタイツとショートパンツのW使いはかなり暖かいです
お腹が温かいと体も温まるにゃん♥

40 インナーダウンが冬のオシャレの幅を広げる

インナーダウンのおかげで冬のオシャレの幅が広がります!!
アウター革命にゃんっ
冬の重ね着は静電気がすごいので防止スプレーがあると便利にゃんっ

ニットワンピース　SAISON DE PAPILLON
ウルトラライトダウンコンパクトコート　UNIQLO
パンプス　nina mew

ダウンコートを着たいのに、それにそぐわない場所やコーデの場合、

インナーダウンが使えます。

今日の女子会、このウールコート着ていこう
コート薄手だから下に着こんじゃった
行ってきま〜す
ムチムチ
着ぶくれしすぎにゃんっ
女子会だしワンピース着なよ。インナーダウン重ねたらいいにゃん
へいへいめんどくさっ
態度悪いにゃんっ
アウターの下に重ねられるユニクロのウルトラライトダウンコンパクトシリーズ
ベストタイプ
ジャケットタイプ
コートタイプ
ジャケットタイプが一番使えますよ！

買うなら、いちばん使えるのはジャケットタイプです。

厚手のセーターやウールパンツなど、着こみすぎてオシャレに見えないときは、ぜひ薄着にして、インナーダウンを活用してください。

念のため
ダウン入れておこう
ちょっと肌寒い時助かります

春に、アウターだと暑いときに、パーカーの中などにも便利です。

ユニクロのウルトラライトダウンは
ポケッタブルになって
持ち運び楽ちんにゃん
パーカーや
デニムジャケットの中に
ダウンを着ます

オフィスの冷房が寒いときにもおすすめです。
軽くて肩もこらず、毛玉にならないので使いやすいです。

外は暑いぜー
冷房下げていいー?
どうぞ〜。

ユニクロのインナーダウンは
プチプラで
暖かく、
軽く、
コンパクトに畳んで持ち運べる
のでとても便利です。

ポケッタブルのまま
長期間保管するとシワになるから
そこだけ注意するにゃん
ひー
一年入れっぱなしだった

41 ミリタリーアウターは、かわいいものと合わせて着る

MA-1ジャケットには、
チュールスカートが
めっちゃ合います!!
ジャケットはジャストサイズを
選んで!!
大きすぎるとハードな
イメージが強くなります。
コーデはモノトーンでまとめて
甘さを抑えると、
よりカッコイイですよ!!

MA-1 ブルゾン　UNIQLO
チュールスカート　coca
パンプス　outletshoes

ミリタリーを着るときのポイントは簡単、
レースやピンク、フリルなどかわいい洋服と合わせることです。

モッズコート、アメ横で買ったよ
なんか強そう……
ミリタリーアウターにハードなもの合わせると軍関係者みたいにゃん
……
でもミリタリーアウターってオシャレだから着たいよ
MA-1
モッズコート
ミリタリージャケット
女の子っぽいアイテムと合わせるにゃん
ラジャー

ミリタリーコートは
袖まくりして着ると
可愛い♡♡
ユニクロのレースノースリーブT。
落ちついたピンクは
年代を問いません。
黒いスニーカーは
白いライン入りを選んで!!
キレイ目コーデにも
合わせやすいです。

ミリタリーブルゾン　MEDE19F
レースノースリーブT
トラックスカート　以上 UNIQLO
靴　Onitsuka Tiger
バッグ　ZARA

42
老眼はかわいい眼鏡をかけるチャンス

メガネのときは、髪をゆるっとまとめると優しい雰囲気になります。
カゴバッグにレザーが使われているものだと一年中使えます。
ファーストールで季節感をプラスするとよりステキ♡
ワイドパンツに甲が出ている靴を合わせると、スッキリと長く見えます。

メガネ　OLIVER PEOPLES
サロペット　and Me ...
シャイニーリブフリルネックセーター　UNIQLO
靴　SESTO
チェックストール　macocca

40代になるとどんどん小さい字がかすむようになります。
そう、ROUGAN（老眼）の仕業です。
いずれみんな通る道。かわいいメガネをかけるチャンスです！

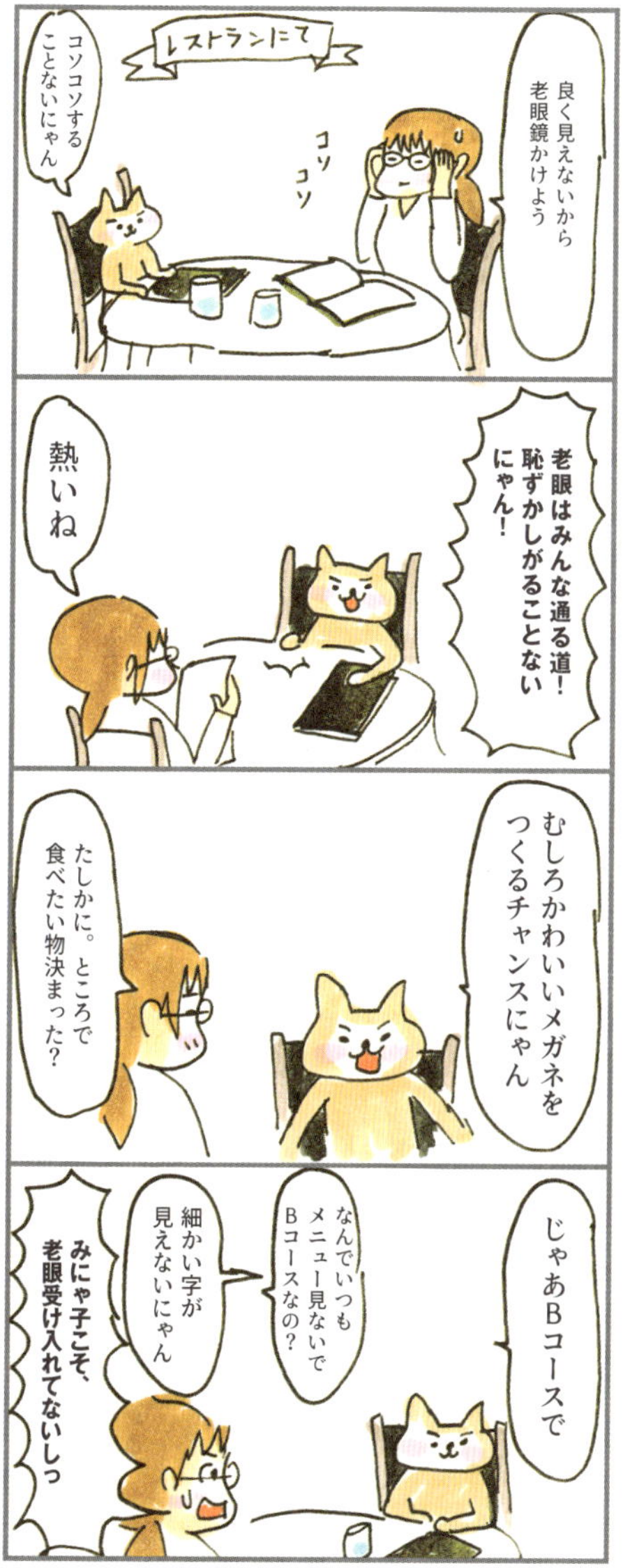
レストランにて
良く見えないから老眼鏡かけよう
コソ コソ
コソコソすることないにゃん
老眼はみんな通る道！恥ずかしがることないにゃん！
熱いね
むしろかわいいメガネをつくるチャンスにゃん
たしかに。ところで食べたい物決まった？
じゃあBコースで
なんでいつもメニュー見ないでBコースなの？
細かい字が見えないにゃん
みにゃ子こそ、老眼受け入れてないしっ

メガネの役割は、凛とした雰囲気を添えること。
思いきってデザイン性があるものを楽しんでください。

なるべく丸い形がおすすめです。そうすると、キレイ目はもちろん、かわいい系やカジュアル系のファッションにもなじみます。
スクエアが欲しい場合は、銀縁にしたり、細いフレームなどにしてかっちりしたイメージを減らしましょう。

黒縁のものを選ぶときは、太すぎないように注意しましょう。
太すぎると子どもっぽくなります。

べっ甲フレームは、横から見たときにすごくおしゃれです。
迷ったら茶色のべっ甲が間違いなし。

茶色のべっ甲と
ゆるふわヘアは
最強!!

細い金や銀のフレームは顔を明るく見せます。
アクセサリーいらずのアイテムです。

メガネの凛としたイメージで
シャツもかっこ良く着られます

COLUMN

#004

洗濯するときにちょっと気をつければシワにならない

アイロン、めんどくさいですよね！
できるだけかけなくてもすむように、たどり着いたのがこれです。

アイロンつながりでもう一つあるんだけど
まだあるにゃんか？
オシャレの教科書にはTシャツにもアイロンをかけなさいって書いてあるの
全然役立ってないにゃん…。
もうその教科書捨てれば……
それで、シワにならない畳みかたを工夫したんだけど
①
その縫い目に合わせるとか
②
丸めるとか
③
お店のように畳むとか
その時間でアイロンかければいいにゃん

ポイントは、干すときです。
なるべく手でシワをとり、乾いたら
ハンガーのまま収納するのがいちばんラクです。

それでも折りジワができちゃうから
ふーん
洗濯後に手でパンパン干して乾いたらハンガーのまま収納するとシワにならないの
ハンガーのまま!?
干す時にキチンと脇の縫い目に合わせて整える。
このまま収納
一度おためしください

43

自分の顔のイメージにファッションを合わせる

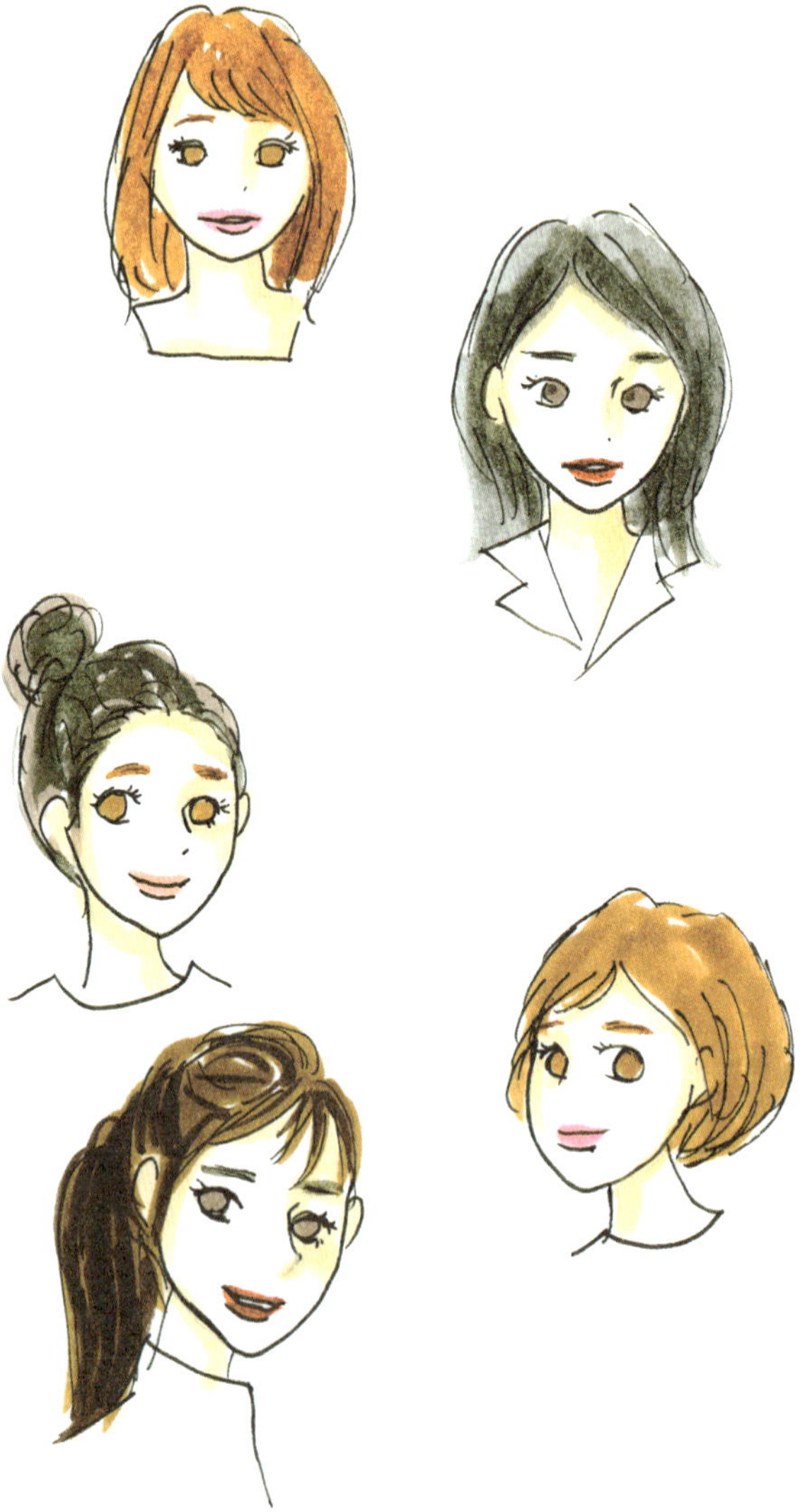

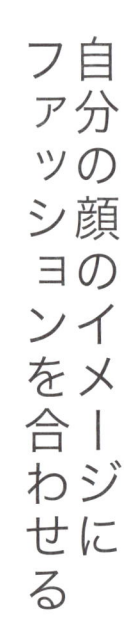

あなたは、カジュアルが似合いますか？それともキレイ目？

歳を重ねていくとカジュアルが似合わなくなる人っていうよね
コンサバが似合わない2人
サバは好きにゃん
逆にコンサバが老けて見える人もいるにゃん
似合わない格好って老けてみえるよね
カジュアル似合わない
コンサバ・キレイ目 似合わない
たしかに！不思議にゃん
自分がどっちが似合うかわかればいいのに
そしたら買物で失敗したり失望したりしないのに
わかる方法あるにゃん
えっあるの？
ニヤリ
秘密は次ページにゃん
ひっぱるね〜

女性の顔は「キレイ系」と「かわいい系」に分けられます。
キレイ系はキレイ目ファッション、
かわいい系はカジュアルファッションが得意です。

女性の顔は30代以降2パターンに分けられるにゃん
本当に？
かわいい系とキレイ系にゃん
なんとなくわかる
これが似合う人はキレイ系にゃん
ゴクリッ
真っ赤な、というより真紅でマットな口紅……

特に、30歳を過ぎたら自分の得意な方を意識しておくのがおしゃれの秘訣です。

のどかはつけなくても似合わないってわかるにゃん
つけさせてよ
いや、私お化粧しないんで似合いません
って人はどうするの?
実際つけるかじゃなくて、つけたときに違和感があるかないかをイメージするにゃん
違和感ナシキレイ系
違和感アリカワイイ系

次が、それぞれの顔に似合うコーデのコツです。

たとえば、フランネルシャツのコーデならそれぞれがこんな感じ。

かわいい系
キレイ系
「カワイイ系」の女性はチェックを、「キレイ系」の女性は無地を選ぼう。
キレイ系の人はボタンを全部留めるとカッチリしすぎるのでいくつか開けて。
フランネルシャツは起毛素材なので暖かく冬にオススメです。

フランネルシャル
EZY アンクルパンツ　以上 UNIQLO
靴　SESTO

フランネルチェックシャツ
ウールブレンドフレアースカート　以上 UNIQLO
バッグ　ZAKKA-BOX

ジャケットコーデなら、こちらです。
ユニクロでは、どちらのタイプの服も揃います。

キレイ系
キレイ系の人は、テーラードジャケットにパンツのセットアップがカッコ良く決まります。
かわいい系
カワイイ系の人は、カッチリしたジャケットではなくノーカラーやショート丈を選びましょう。

ストレッチテーラードジャケット
ストレッチストレートパンツ　以上 UNIQLO
バッグ　willow bay

ポンチノーカラージャケット
ドライストレッチクロップドパンツ　以上 UNIQLO
バッグ　I NEED MORE SHOES

44

リンクコーデは色を一色揃えるのみ

子供に革靴は大変なので
黒いステーカーやバレエシューズが
あるとキレイ目に使えます。

リンクコーデで手っ取り早いのは、色を一色揃えることです。色さえ揃っていれば、形やデザインなどはバラバラでOK。素材やデザインまで一緒にしてしまうと、揃えるのが大変だったり、くどくなってしまいます。

家族でリンクコーデするのが夢なんだ
アベックコーデにゃんか?
言い方古っ
全部お揃いとか
そっちこそリンクコーデのイメージ古いにゃん
お揃いコーデは一色だけにするか小物を合わせる以外やっちゃダメにゃん
一色……
一色でも全身はダメにゃんっ
さりげなくお揃いがポイントにゃん
「見るからに」はダメ?

ネイビーや黒は、家族でいちばん合わせやすい色です。

大人っぽいアイテムを子どもが着ていると、ギャップでかわいく見えます。

小さい子供がいる間は、
すぐ履けるスリッポンが
便利。

パパ
エクストラファインメリノクルーネックセーター
ストレッチセルビッジスリムフィットジーンズ　以上 UNIQLO
子ども
ウルトラストレッチデニムイージーパンツ
スウェット　以上 UNIQLO
スニーカー　adidas
ママ
スウェット　BASEMENT online
スカート　コットンサーキュラースカート　UNIQLO
スニーカー　CONVERSE
リュック　無印良品

子どもに合わせたデザインを選ぶと
大人は幼く、イタく見えます。

他にも、お揃い×目立つが
合わさるとくどくなるにゃん
オシャレではないね

小物をさりげなく揃えるのもおしゃれリンクコーデです。
その場合、シンプルアイテムを選びましょう。

同じブランドの型違いのスニーカーとか。

メガネが同じブランド。とか
良く見たらお揃い。に
気づくとホッコリします。

CHAPTER 2

男性をおしゃれに見せるのはけっこう簡単

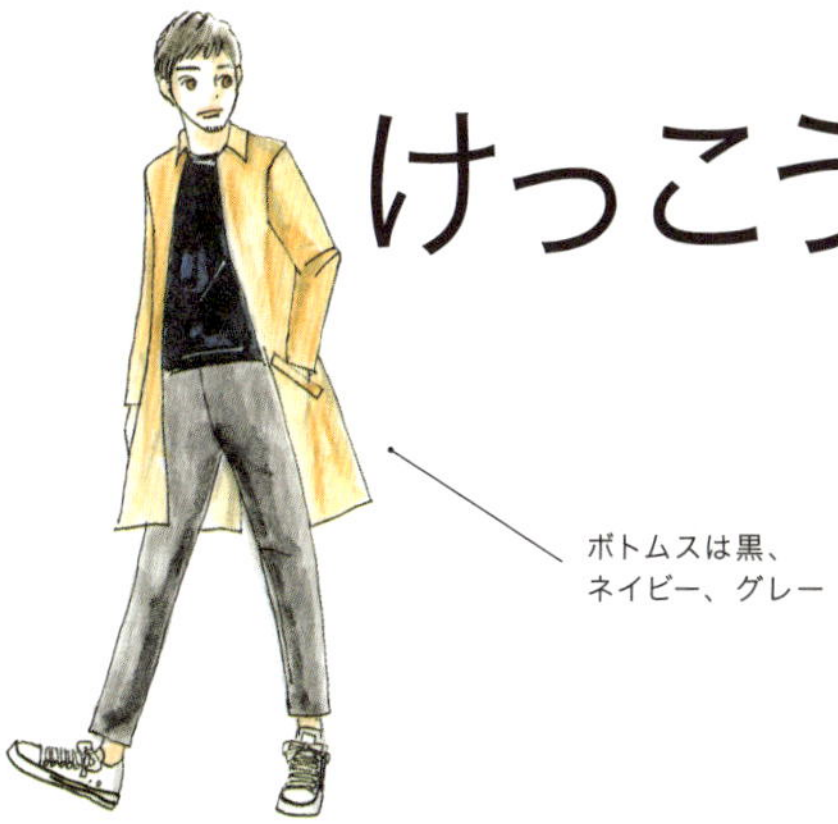
ボトムスは黒、
ネイビー、グレー

45

30歳を超えたら大きいチェックのシャツは着ない

ユニクロの
エクストラファインコットンシャツ
がオススメ!!!
柄がパッキリしていて
カジュアルにもオフィスコーデにも
使えます。
30歳をすぎたら、シャツにスウェットより
セーター合わせがオススメ◇◇
ウォッシュ加工のないネイビーのデニムは、
男性が品よくカッコよく見えるアイテム。

エクストラファインメリノＶネックセーター
エクストラファインコットンブロードチェックシャツ
ストレッチセルビッジスリムフィットジーンズ
以上 UNIQLO
靴　Paraboot

ごめんなさい、男性の大きいチェックのシャツは禁止でお願いします。

これは学生がよく着るアイテムなので、大人の男性が着ると違和感が出るからです。

みにゃ子、弟の洋服選んであげて
おみやげです
いつも姉がお世話になっています
どうもにゃん
弟さんは浪人生にゃんか?
仕事ばかりで洋服にうとくて…
こう見えて会社経営してるんだよ
まず大きいチェック柄はカジュアルすぎるから大人男性は着ちゃだめにゃんよ
困ったな……一週間分あるよ
大きいチェック柄はアメカジ好きでないと着こなしが難しいです
学生が良く着るアイテムなので、格好だけ若々しい人に見られかねません次に紹介するのが、大人の男性がかっこよく品よく見えるアイテムです。

シャツは細かいチェックやストライプ、無地がベスト。
シャツの下にモックネックTシャツを重ねると暖かくてオシャレ☆
寒くて重ね着する時もシンプルシャツなら簡単です。
グレーのストライプシャツにブラウンのセーターは寒色系が着慣れている男性にも取り入れやすい組み合わせです。

シャツがシンプルであれば、ボトムスは、デニム、スラックス、チノパンとなんにでも合います。**とにかく、細かい柄を選んでください。**

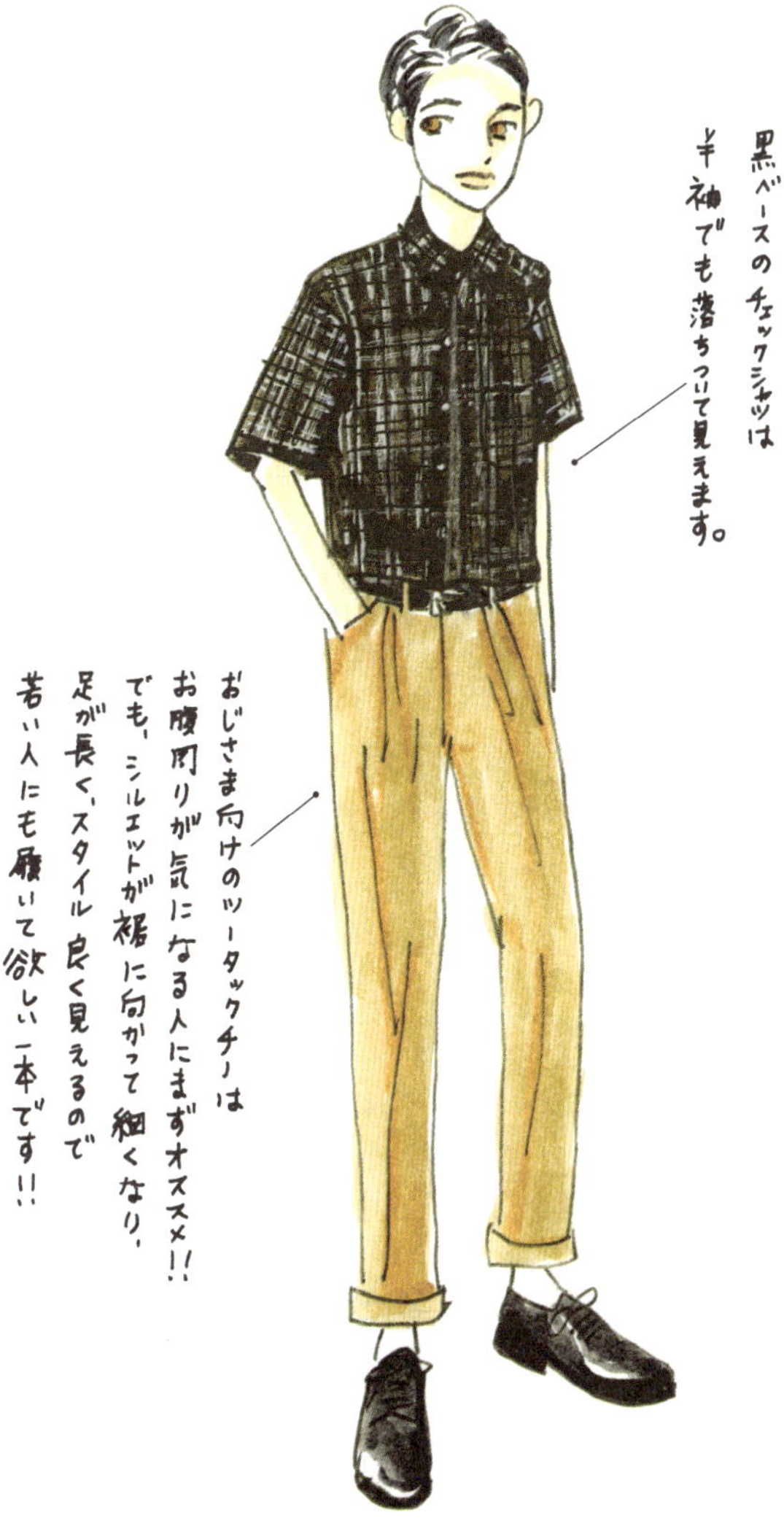
黒ベースのチェックシャツは
半袖でも落ちついて見えます。
おじさま向けのツータックチノは
お腹周りが気になる人にまずオススメ!!
でも、シルエットが裾に向かって細くなり、
足が長く、スタイル良く見えるので
若い人にも履いて欲しい一本です!!

チェックシャツ　MARGARET HOWELL
イージーケアツータックチノ　UNIQLO
靴　Paraboot

46

男性はアンクルパンツを履いておけば問題がない

寒い場合、カーディガンより
インナーダウンの方が
断然カッコよくてオススメ!!
暖かいのはもちろん、
Vネックで目立たず
軽くて、毛玉もできない!!!
EZYアンクルパンツ、ウールライクは
オフィスでも着られるキレイ目素材です。

ウールブレンドコンフォートジャケット
EZY アンクルパンツ
ウルトラライトダウンコンパクトベスト
以上 UNIQLO
靴　Paraboot

男性のパンツは、短めの方がおしゃれに見えます。

足も長く見えるので、裾上げは必ずした方がいいのですが、めんどうな人や、奥様が買う人は、最初からアンクルパンツにしちゃいましょう。

裾上げの大切さについては姉にさんざん聞いたので理解しています
良かったにゃん
ただ、僕は洋服に興味がないので時間をかけたくないし、裾上げも待てない
丁寧にハッキリ言う人にゃんね
もう、アンクルパンツ買えば……あらかじめ短いやつ
3本…
いや5本買いましょう
ポチポチ
逆転の発想! さすがみにゃ子さん!

これがユニクロでのおすすめの、裾上げがいらないアンクルパンツです。

EZYアンクルパンツ

会社にも履いて行ける、きちんと見えるパンツです。
ウールタイプもあるので冬も暖かいです。

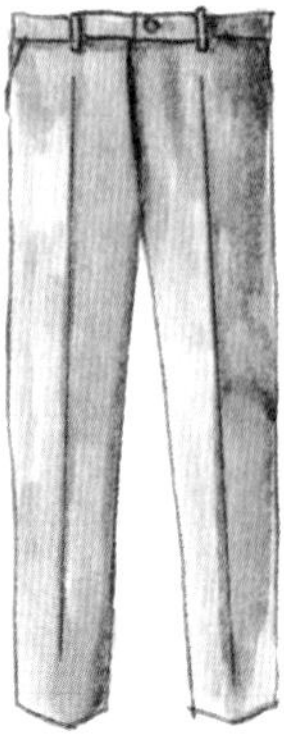

ひざ下がかなり細いので、どんな体型の人が履いても足がスッキリ長くみえます。

EZYジーンズ

他のデニムに比べて股下が短いので、裾上げしなくても履けます。
また、ウエストがひも付きなのでベルト嫌いな人にもおすすめ。
生地が柔らかいのでストレスなく履けます。

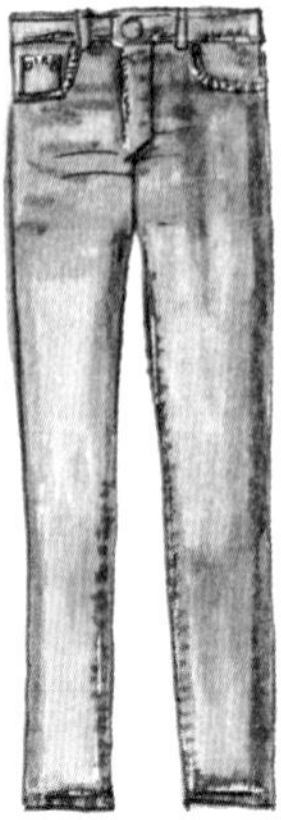

ゴツイリュックやハイテクスニーカー。
無骨なアイテムも
男性らしさにつながり
カッコいいです。
EZYジーンズ。
とにかく生地が柔らかく、
スキニーのきゅうくつさが苦手な
人もノンストレスで履けます。

コットンパーカ（Uniqlo U）
EZY ジーンズ　以上 UNIQLO
靴　Reebok
リュック　BACH

47

ボトムスは黒、ネイビー、グレー

ベージュコートがあると春先肌寒い時、重くならずに着られます。
ブロックテックコートは、「撥水」「防水」「防風」など機能性もバッチリの優秀アウターです。
白いスニーカーは清潔感があり、一年中履けるので一足持っておくこと!!

ブロックテックステンカラーコート
カシミヤクルーネックセーター
EZY アンクルパンツ　以上 UNIQLO
スニーカー　CONVERSE

男性のボトムスは黒、ネイビー、グレーにすると失敗しません。
そう、この3色はスーツに使われる色です。
スーツが似合わない男性がいないように、この3色が似合わない男性もいません。

シャツの柄、シンプルにしたよ
いいねー
ちょっと待って！ なんでパンツが黄色にゃんか？
トップスが落ち着いているからボトムスでポイントつけなきゃ
ふーん。ちなみに今日はどんなアウターで来たにゃんか？
アウターは黒
イギリス製のバッグとプレゼントのマフラーと、すぐに探せる傘
一緒に歩きたくないよ……
チグハグすぎるにゃん

次がコーデの例です。
黒いトップスにブルーのボトムスは知的に見えてかっこいいです！

大人のTシャツコーデは
生地の厚いものを選ぶこと。
それだけでインナーっぽくなりません。
Tシャツのとき
革靴を履くと
すごくカッコいいです。

クルーネックT
EZY アンクルパンツ　以上 UNIQLO
靴　Paraboot

白いシャツに黒いボトムスは、定番中の定番ですが、
好感度は最も高いです。

白シャツ×黒スキニーは、
やっぱり好感度が高い
♡♡
洋服がシンプルな分、
靴や小物は少し高価なもの
（年齢×1,000円くらい）を
合わせるとーなおカッコいいです。

＋Jスリムフィットシャツ
EZY アンクルパンツ　以上 UNIQLO
靴　Hender Scheme

48

男性の服のワンポイントは小さければ小さいほどいい

シャツは、あまり浮きがなく
ぴったり目にすると体型が
キレイに見えます。
EZYジーンズはデニムほど
生地が固くないので
力の抜けたリラックスコーデに
最適!!

シャツ　Brooks Brothers
EZY ジーンズ　UNIQLO
靴　MIHARAYASUHIRO

メンズの服のワンポイントも、女性と同様小さければ小さいほどおしゃれに見えます。**よく見たらブランド、よく見たらキャラクター、くらいのさりげない方が気づいたときにおしゃれに見えます。**

ズボン、グレーのアンクルパンツにしましたよ
コンタクトにしてみました
短期間で雰囲気変わったにゃんね
でもおしいにゃんロゴ大きすぎにゃん
みにゃ子さんのおススメはシンプルだからトップスはインパクト重視で選びました
メタリカ好きにゃんか?
いや、JAZZが好きです
アンダーアーマー着て、鍛えてるにゃんか?
筋トレ嫌いです
UNDER ARMOUR
インパクト重視で買ったトップス
大人男性はインパクトのあるデザインよりさりげない方が魅力的にゃん
ポイントはこれ位の大きさ
ファッションであまり主張しない方がいいんですね…

男性が個性的な服を着るのは女性よりハードルが高いのです。
なぜなら、こういった服を違和感なく着られるようになるには、
かなりの研究と経験が必要だからです。

みにゃ子さんは男性はシンプルがいちばんって思っているんですか？
そういうわけじゃないにゃん
女性はファッションでの冒険が魅力につながるけど男性は必ずしもそうではないにゃん
あえてメンズコーデ
ダボダボできゃしゃ見せ
ボディコンシャスでセクシー
冒険するファッションを極めるにはお金と時間をかけなければ難しいにゃん
奇抜なあの人も沢山の洋服を着て来たからにゃん
お金と時間をかけるのか！
お金っていくらくらい？
毎月お給料の二割くらい
ムリですね
シンプルで質の良い物を着るとカッコいいにゃんよ
厚手のTシャツとか
革の靴とか
毛玉のないセーターとか
なるほどですね

ニットとチノのコーデは、スッキリさえ見せれば、どこかクラシックなのに、今っぽさもあるあか抜けコーデになります！

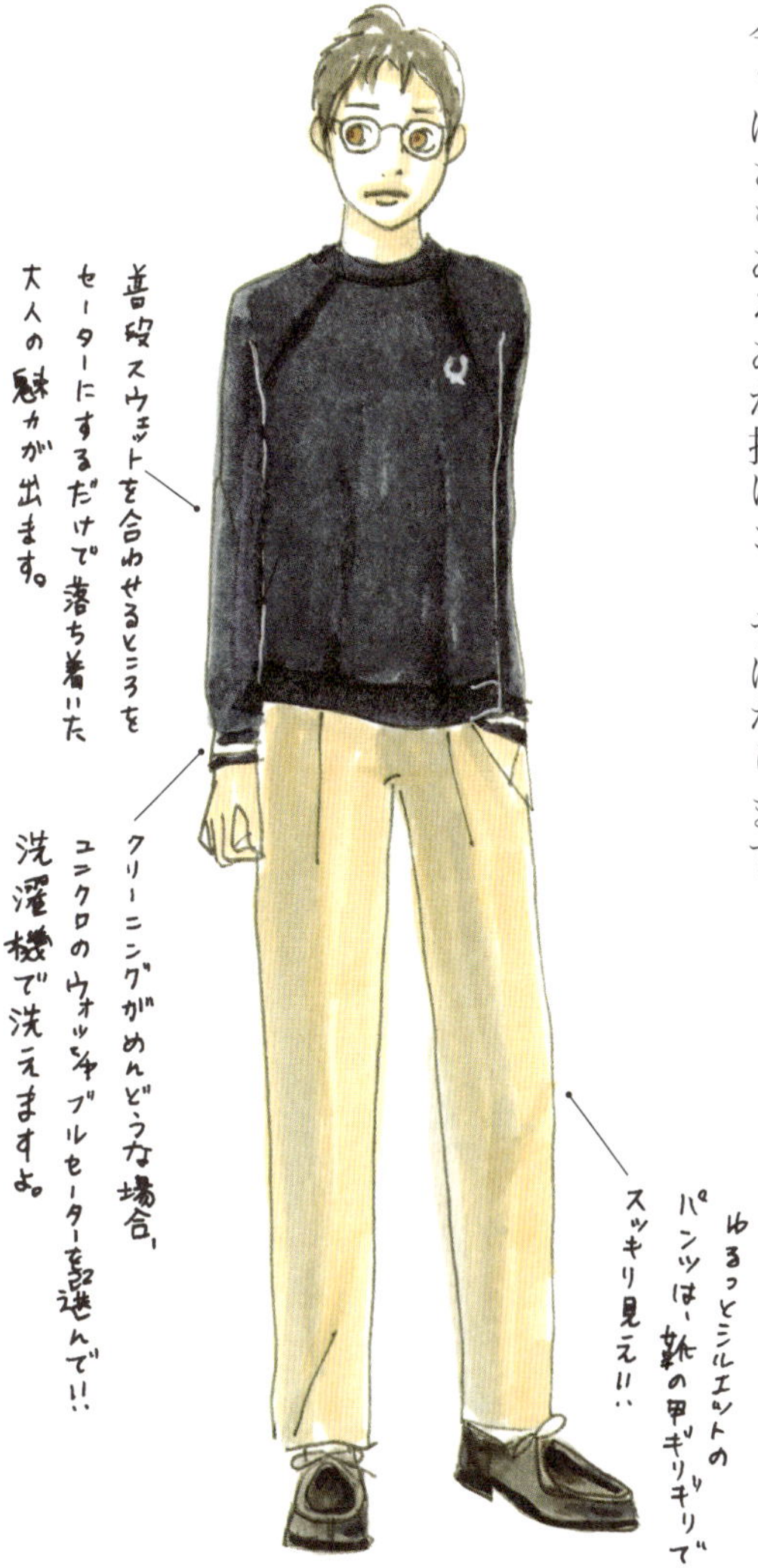
普段スウェットを合わせるところを
セーターにするだけで落ち着いた
大人の魅力が出ます。
クリーニングがめんどうな場合、
ユニクロのウォッシャブルセーターを選んで!!
洗濯機で洗えますよ。
ゆるっとシルエットの
パンツは、靴の甲ギリギリで
スッキリ見え!!

セーター　FRED PERRY
イージーケアツータックチノ　UNIQLO
靴　Paraboot

本書に掲載しているアイテムは、すべて私物をイラストに描き起こしたものです。
各ブランドへのお問い合わせはご遠慮ください。
また、販売が終了しているものもあります。併せてご了承ください。

[著者]

のどか

Ameba公式トップブロガー。


1996年桑沢デザイン研究所卒業。広告代理店にデザイナーとして勤務。イラストから広告デザインまで手掛ける。

結婚退社後、大手ファストファッションにアルバイトとして勤務したのち、正社員となり活躍。年間1000組以上の家族を接客。3歳の子供から就職活動中の学生、体型に悩む女性や60、70代の男性など幅広い世代のコーディネートを担当した経験を持つ。

たくさんのお客様から、オシャレ過ぎない、楽ちんなコーデの要望を受け、それを伝えたいとブログを始める。

アパレル勤務経験を活かし、ファストファッションを中心としたコーディネートをイラストと自身の写真で紹介したブログが人気となりAmeba公式トップブロガーに。

キュレーションサイトでもユニクロを中心としたプチプラコーデのイラストコラムで活躍中。

小学生の２児の母でもあるため「お金をかけない、完璧じゃない」ファッションコラムが同世代の女性に親しみやすいと人気。

アメブロでは読者が2万5000人おり、毎日平均2万アクセスがある。

公式ブログ　https://ameblo.jp/momonodo/
インスタグラム　@nodokan_nodokan

正直、服はめんどくさいけれどおしゃれに見せたい

2018年10月17日　第１刷発行
2018年12月12日　第３刷発行

著　者―――のどか
発行所―――ダイヤモンド社
〒150-8409　東京都渋谷区神宮前6-12-17
http://www.diamond.co.jp/
電話／03･5778･7234（編集）　03･5778･7240（販売）

アートディレクション―加藤京子（sidekick）
デザイン―――我妻美幸（sidekick）
校正―――加藤義廣（小柳商店）
DTP―――ニッタプリントサービス
製作進行―――ダイヤモンド・グラフィック社
印刷―――加藤文明社
製本―――ブックアート
編集担当―――中野亜海

ISBN 978-4-478-10506-1